Frauen
und ihre Schlösser

Geleitwort

Wenn wir an Deutschland als Kulturlandschaft denken, dann kommen uns sofort Burgen, Schlösser und Herrenhäuser, Schlossgärten und Parks in den Sinn. Die Kunstgeschichte betrachtet sie als kulturelles Erbe, Architekturdenkmal und schützenswerte historische Landschaftsgestaltung. Aber zugleich bieten diese Denkmäler für viele Menschen, nicht zuletzt für Kinder, einen Abglanz sagenhafter Zeiten. Die Geschichten von Dornröschen und Schneewittchen, von Siegfried und den Nibelungen, von Parsifal und Tannhäuser spielen in Burgen und Schlössern. Die Realität heute hält zwar immer noch Bilder bereit, bei deren Betrachtung das Herz aufgeht. Doch diejenigen, welche die Verantwortung für historische Ensembles tragen, leben kaum in märchenhaften Zuständen, sie sehen sich konfrontiert mit Sorgen und Pflichten.

Viele Bauten sind seit Generationen im Besitz adeliger Familien, zu deren Selbstverständnis die Pflege der Tradition bis zum heutigen Tag gehört. Andere Häuser waren verwaist, wurden wieder entdeckt und zu neuem Leben erweckt.

Der Umgang mit einem jahrhundertealten Erbe bestimmt das Leben dieser Familien. Er fordert einen unbeirrbaren Familiensinn und einen langen Atem, Haltungen also, die in der modernen, individualisierten, auf kurzfristige Bindungen orientierten Gesellschaft lange Zeit außer Mode gekommen waren. Das ändert sich heute auf bemerkenswerte Weise. In einer Situation der Unübersichtlichkeit, in der wieder viele Menschen auf der Suche nach gültigen Orientierungspunkten sind, findet die Lebensführung von Familien mit langer Tradition neue Aufmerksamkeit.

So lohnt es sich, etwas genauer hinter die Mauern der Landsitze, Burgen oder Schlösser zu schauen und zu entdecken, wie die Realität dort aussieht. In diesem Buch geht es in besonderer Weise um die Rolle der Frauen. Auch hier lohnt sich ein Blick auf die Tradition: Wer die Familiengeschichten des europäischen Adels ansieht, der findet dort schon in weit zurückliegenden Zeiten energische Frauen, die – oft der Not der Zeit gehorchend – das Leben meisterten. Im aristokratischen Milieu ist unternehmerische Emanzipation von Frauen nicht erst ein Phänomen des 20. Jahrhunderts gewesen.

In diesem Buch wird an Beispielen gezeigt, wie sich die moderne Welt mit dem Altehrwürdigen verbinden lässt. Junge Frauen haben das Erbe ihrer Vorfahren angenommen oder sind durch Einheirat zu einem neuen Lebensumfeld gekommen, das sie mit Überzeugung angenommen haben.

Diese Frauen sind modern, emanzipiert, sehr gut ausgebildet und haben mit Selbstbewusstsein die Aufgabe übernommen, historische Gebäude mit neuem Leben zu füllen. Dabei haben sie alle sehr unterschiedliche Modelle gewählt. So speziell die Herausforderungen der historischen Bauten sind, so individuell sind auch die unternehmerischen Antworten.

In diesem Buch lernen wir Frauenschicksale kennen, die oft von der hartnäckigen Überwindung von Widrigkeiten und Widerständen handeln. Es sind Erfolgsgeschichten. Sie lehren: Selbstbewusste weibliche Lebensgestaltung und wirtschaftlicher Erfolg lassen sich harmonisch mit dem Erhalt von traditionellen Werten vereinbaren. Kein Märchen aus uralten Zeiten, sondern ein modernes Modell, das als Vorbild taugt.

Isa Gräfin von Hardenberg

Frauen und ihre Schlösser
Mehr als Glanz und Gloria

Jeannette Gräfin
Beissel von Gymnich

Fotografien von
Stefan Schaal

Mit einem Vorwort von
Isa Gräfin von Hardenberg

KNESEBECK

Inhalt

6 Geleitwort

13 Vorwort

16 **Patricia Gräfin zu Eulenburg und Hertefeld**
Schlossruine Hertefeld

26 **Bianca-Amalia Prinzessin von Preußen**
Weyer Kastell

34 **Caroline Hatlapa**
Herrenhaus Borghorst

44 **Mechthild Freifrau von Wendt-Papenhausen**
Burg Boetzelaer

50 **Ivonne Gräfin von Schönburg-Glauchau**
Schloss Westerhaus

58 **Annette Gräfin zu Ortenburg**
Schloss Tambach

66 **Leonie Freifrau von Eyb**
Schloss Rammersdorf

72 **Jeannette Gräfin Beissel von Gymnich**
Burg Satzvey

78 **Antje Gräfin zu Rantzau**
Gut Pronstorf

86 **Sabine Freifrau von Süsskind**
Schloss Dennenlohe

96 **Ilka Freifrau von Boeselager**
Burg Heimerzheim

102 **Mariana M. de Hanstein**
Haus Busch

110 **Irmgard von Abercron**
Schloss Frens

118 **Rosalie Freifrau von Landsberg-Velen**
Schloss Wocklum

126 **Fides Freifrau von Mentzingen**
Schloss Bürg

134 **Nicola Dietzsch-Doertenbach**
Schloss Lehrensteinsfeld

142 **Tatjana de la Valette**
Schloss Auel

150 **Adelheid von der Schulenburg**
Schloss Ehreshoven

158 **Heide Prinzessin von Hohenzollern**
Schloss Namedy

168 Anhang mit Adressen

Vorwort

Schlösser, Burgen, Herrenhäuser: Vor unserem inneren Auge entsteht beim Gedanken an diese Bauten ein glanzvolles Bild von Luxus und Reichtum, von einem sorgenfreien Leben wie im Märchen. Die Begeisterung für historische Pracht übt auf viele eine unwiderstehliche Anziehungskraft aus, wie Abertausende Besucher in den öffentlichen Häusern und Museen beweisen. Aber auch die privat bewohnten Bauten üben einen geheimnisvollen Reiz aus – vielleicht gerade weil sie oft hinter hohen Mauern und Hecken verborgen sind. Wie mag es sich dort heute leben, fragen sich viele? Welche Schätze verbergen sich hinter diesen trutzigen Mauern, und welche düsteren Geheimnisse geistern wie gespensterhafte Schatten durch die dunklen Kellerverliese dieser Bauten?

Besonders an warmen, sonnigen Sommertagen kommt es vor, dass Besucher der Burg Satzvey auf mich zukommen und bewundernd feststellen, dass es sich in einer so wunderbar erhaltenen Burg sicher herrlich leben ließe. Der sehnsuchtsvolle Unterton ist dabei kaum zu überhören. Im weiteren Gespräch verliert sich dieser dann allerdings schnell.

Wer ein mehrere Jahrhunderte altes Gemäuer bewohnt, und vor allem, wer es erhalten möchte, sieht sich mit so zahlreichen Herausforderungen konfrontiert, dass kaum Zeit bleibt, die Schönheit des Ortes zu genießen. Mut und Idealismus, Durchsetzungskraft, Kreativität und Eigeninitiative, aber vor allem unternehmerisches Geschick sind nur einige der vielen Voraussetzungen, die für diese Aufgabe qualifizieren. Die Weiterführung althergebrachter Traditionen und Werte und die Aufgabe, das historische Erbe zu erhalten, liegen zumeist in den Händen der Erben und deren Familien. Dabei waren die wirtschaftlichen Entscheidungen zunächst Aufgabe der Männer, und das Erbe wurde mit dem Familiennamen vom Vater auf den Sohn übertragen.

Doch hinter jedem starken Mann, so sagt man, steht eine starke Frau. Und so ist die Frage: Wer übernimmt heute die Verantwortung für die schwere Aufgabe, historische Schlossbauten zu erhalten? Widmen sich die Frauen wie seit Langem üblich wirklich nur kulturellen Veranstaltungen und der Führung der Hauswirtschaft? Haben sich die Rollen heute nicht vielleicht verändert? Und wenn ja, was ist die Aufgabe der Frauen in adeligen Familien heute, und wie weit haben es diese Frauen nötig, sich hinter ihren Männern zu verstecken?

Ausgehend von eigenen Erfahrungen, wollte ich wissen, wie andere Frauen ihren Alltag im Schloss meistern. Diese Frage ließ mich nicht mehr los und wurde zum Leitthema dieses Buches. Sehr schnell stellte sich heraus, dass vom Klischee des süßen Müßiggangs mit Diener und Champagner keine Spur zu finden war. Realistisch und pragmatisch begegneten mir die Frauen, die mit ihrem tatkräftigen und unablässigen Engagement prachtvolle historische Bauten am Leben erhalten.

Die Recherchen zu diesem Buch verhalfen mir zu einer spannenden Reise zu ganz unterschiedlichen deutschen Schlossbauten. So verschieden die Entstehungsumstände und der Baustil der einzelnen Häuser sind, so verschieden sind auch die Konzepte, mit denen die Familien den Erhalt ihrer Häuser sichern. Bald stellte sich auch heraus, dass Frauen die Aufgaben oft partnerschaftlich mit ihren Männern teilten, aber ebenso bereit waren, die Bürde aller Entscheidungen allein zu tragen. Während ausführlicher Besichtigungsrunden und langer Gespräche habe ich viele und manchmal überraschende Einsichten gewinnen können. Meinen Dank dafür möchte ich an dieser Stelle aussprechen:

Ich danke zuerst allen großartigen Schlossherrinnen, ohne deren Vertrauen in mein Projekt dieses Buch nicht hätte entstehen können. Sie alle – jede auf ihre Weise – sind Visionärinnen und schaffen individuelle Lösungen, um die Traditionen ihrer Familien weiterzuführen. Tradition und Moderne werden von ihnen in unterschiedlichsten Formen zusammengeführt und nicht als unvereinbarer Gegensatz verstanden.

Weiterhin danke ich allen Sponsoren – vornehmlich der Weberbank und der Prinz von Preussen Grundbesitz AG. Auch sie schenkten mir ihr Vertrauen und stärkten mich in meinem Vorhaben.

Meinem Partner im Projekt, Dr. Stefan Schaal, danke ich für seine ruhige Art und sein kreatives Auge. Seine Fotografien stellen treffend den spezifischen Charakter jeder porträtierten Frau in ihrer Umgebung heraus. Es war eine Freude, mit ihm zusammenzuarbeiten.

Dank gilt auch meinem Mann, Franz, und meinen Kindern, Patricia und Max, die öfters auf mich verzichten mussten, wenn Reisen anstanden oder Texte geschrieben werden mussten.

Auch danke ich dem Knesebeck Verlag, besonders Frau Dr. Maria Platte, Leiterin des Lektorats, die mir zur Seite stand und mich stets unterstützte.

Ohne sie alle wäre die Umsetzung dieses Projekts nicht möglich gewesen. Allen Lesern wünsche ich einen aufschlussreichen Ausflug zu deutschen Schlössern, um zu erfahren und zu verstehen, was die dort lebenden Frauen leisten.

Jeannette Gräfin Beissel von Gymnich

Adelssitze. Starke Frauen. Glanz und Gloria. Man muss kein übertrieben romantischer Mensch sein, um dabei ganz bestimmte Bilder im Kopf zu haben – Bilder von beeindruckenden Gebäuden, Bilder von beeindruckenden Persönlichkeiten. Sieht man genauer hin, so entdeckt man das Spannungsfeld von Tradition und Moderne, von liebevoll gepflegten Bräuchen und hartem Wirtschaftsleben, in dem für Romantik eigentlich kein Platz mehr ist. Dieser genauere Blick wird uns nun ermöglicht.

Was es bedeutet, ein Vermögen zu managen und zu erhalten, darin kennen wir uns als Privatbank aus. Und es macht im Grundsatz keinen Unterschied, ob das Vermögen aus Immobilien und Forstwirtschaft oder aus Einlagen und Wertpapieren besteht. Die Anforderungen an nachhaltigen, in der Regel generationenübergreifenden Anlageerfolg sind die gleichen: Kenntnis der Materie, Realitätssinn bei der Beurteilung des möglichen Anlageerfolgs, Sorgfalt bei der Auswahl der Geschäftspartner und eine im besten Sinne konservative Anlagementalität. Das Diktum vom verpflichtenden Eigentum nehmen wir ebenso ernst wie die hier vorgestellten starken Frauen. Glanz und Gloria gehören ihnen allein.

Klaus Siegers, Vorstandsvorsitzender der Weberbank Actiengesellschaft, Berlin

Patricia Gräfin zu Eulenburg und Hertefeld
Schlossruine Hertefeld

Ich bin eigentlich ein Stadtkind«, sagt Patricia Gräfin zu Eulenburg und Hertefeld. Und als solches scheint sie sich verirrt zu haben: denn sie lebt mit ihrem Mann und drei Kindern in der Rentei von Schloss Hertefeld, der einzigen bewohnbaren Schlossruine Deutschlands in Weeze am Niederrhein. Das hört sich wenig behaglich an, und man fragt sich unweigerlich, wie es die Eheleute geschafft haben, diesen Ort nicht nur zu ihrem Zuhause zu machen, sondern auch zu einem gastfreundlichen Ort.

»Ich bin in der Schweiz groß geworden, stamme aber eigentlich aus Ungarn«, erzählt Gräfin zu Eulenburg und weist auf ihren Vorfahren, Erkel Ferenc, den Komponisten von »Himnusz«, der bewegenden Nationalhymne der Ungarn. In Fribourg habe sie ihren späteren Mann, Friedrich, kennengelernt. Allerdings gestaltete sich die erste Begegnung eher »unwirklich«. »Ich habe häufiger im Gästezimmer seines Vetters übernachtet, das eigentlich Friedrich bewohnte, wenn er von einer seiner vielen Reisen zurückkehrte.« Also teilten sich die späteren Eheleute schon ein Bett, bevor sie sich persönlich begegnet waren. »Schwuppdiwupp waren dann auch die drei Kinder da«, beschreibt die Gräfin den rasanten weiteren Verlauf ihrer Ehe. Tatsächlich fand die Hochzeit aber erst nach einem Verlobungsjahr in Budapest statt, beruhigt sie den schon leicht verwirrten Zuhörer. Und auch danach haben die beiden noch lange nicht zusammengelebt. Die gelernte Hotelfachfrau, die außer Deutsch noch fünf weitere Sprachen fließend beherrscht, wollte sich vor ihrem Umzug nach Deutschland in ihrer Heimatstadt Zürich einbürgern lassen. Die Bedingung war, dass sie noch mindestens anderthalb weitere Jahre in der Schweiz lebte und arbeitete. Das tat sie als Flugbegleiterin für die Swissair, was ihr die Möglichkeit eröffnete, wenigstens die Wochen-

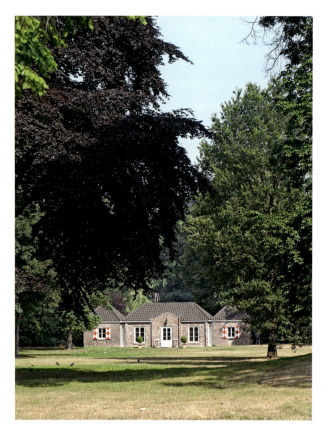

Die um 1900 umgebauten
Wächterhäuschen »Erich und Erika«

enden mit ihrem in Düsseldorf lebenden Ehemann zu verbringen. Immer wieder besuchten sie in dieser Zeit das nahe gelegene Familienschloss, das seit Anfang des 14. Jahrhunderts von der Familie bewohnt worden war. In seiner wechselvollen Geschichte wurde es mehrfach erweitert und dann in den letzten Monaten des Zweiten Weltkriegs fast vollkommen zerstört. »Die Deutschen wollten verhindern, dass englische und kanadische Truppen hier Unterschlupf fanden, und zündeten es deshalb an.« Die beiden Flügel des Hauses brannten bis auf die Grundmauern nieder, und vom Hauptturm war nur ein Mauerstumpf übriggeblieben. An den Wiederaufbau des historischen Ritterguts und späteren Barockschlosses hatte zu dieser Zeit keiner geglaubt. Umso erstaunlicher ist das heutige Ergebnis.

Über die freiliegende Treppe erreicht man den großen Eingangssaal, der in den Kaminsaal führt. Hier werden standesamtliche Trauungen durchgeführt und rauschende Feste jeder Art gefeiert. Eheschließungen sind auch in anderen Räumen der drei Stockwerke möglich, so etwa im historischen Kreuzgewölbe oder auch im Schwedenzimmer – obwohl dies eigentlich als Suite zur Übernachtung eingerichtet ist. Das Mobiliar und die Einrichtung dieses Raumes mit seinen blauen und weißen Streifen erinnern an eine schwedische Ahnherrin, auf die der Name der Suite zurückgeht. Wozu es führen kann, wenn dieses Zimmer umfunktioniert wird, veranschaulicht die Geschichte eines Brautpaars, dessen Eltern in diesem Zimmer nächtigten. Zur Eheschließung wurden die Vorhänge, die den Schlafalkoven vom Salon abtrennen, zugezogen, sodass das Bett verborgen blieb. Nach der Trauung stellte der Bräutigam beim anschließenden Empfang vergnügt fest, dass er sich nun im Schlafzimmer seiner Schwiegereltern habe trauen lassen. Ein sicher nicht alltäglicher Anfang für eine Ehe!

Im Jahr 2004 – das erste Kind war bereits ein Jahr alt – war es längst zu anstrengend geworden, die Bauarbeiten von Düsseldorf aus täglich zu beaufsichtigen. »Von Düsseldorf aus übernahm ich die Aufsicht am Morgen und kehrte am frühen Nachmittag zurück, um die Kleine wieder zu betreuen. Friedrich löste mich ab und fuhr wieder auf die Baustelle zurück. Als dann nach einem halben Jahr mehr als 50.000 Kilometer auf dem Tacho unseres Autos standen, haben wir uns entschlossen, ganz hierher zu ziehen, in das Renteigebäude, in dem zuletzt die Urgroßeltern meines Mannes gewohnt haben.«

Bereits 1998 war durch eine Mustersicherung verhindert worden, dass die Schlossruine weiter in sich zusammenstürzte. Das anspruchsvolle Projekt, sie zu erhalten, war vielleicht das erste Zeichen für den eisernen Willen der Besitzer, dieses Anwesen wieder im alten Glanz erstehen zu lassen. Obwohl dies sicher das ehrgeizigste Projekt war, blieb es bei Weitem nicht das einzige. Der komplett mit Brombeerbüschen und anderem Gestrüpp zugewucherte Park musste ebenfalls wieder hergerichtet werden.

Blick auf die Ruine des Schlosses Hertefeld

Auf einem schattigen Hügel gab es ein nicht mehr nutzbares Schwimmbad und ganz am Ende des Parks zwei Wächterhäuser, die um 1900 erbaut wurden, inzwischen aber Vandalen zum Opfer gefallen waren. Einem Buch des Urururgroßvaters folgend, wurden die Häuschen Erich und Erika genannt. Sie hatten allerdings keine Funktion mehr. »In einem der beiden hauste nach dem Krieg eine siebenköpfige Familie auf ganzen elf Quadratmetern, während das andere Häuschen später fast vierzig Jahre als Ziegenstall diente.« Bei den Überlegungen, wie man Erich und Erika wiedernutzen könne, kam ihr Mann auf die Idee, das Bad in einem der Häuschen und das Schlafzimmer im

Die Turmsuite, auch Schwedenzimmer genannt

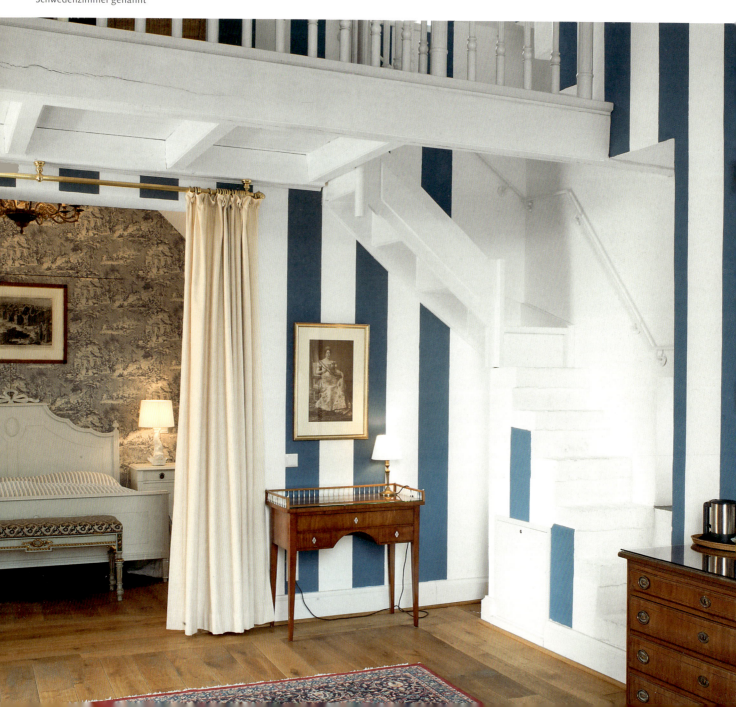

LINKS: Wächterhäuschen –
Blick vom Flur in das Bad
RECHTS: Blick ins Sternenzimmer

anderen unterzubringen. Das aber erschien wenig praktikabel, weil Gästen ein morgendlicher Gang durch den Park auf dem Weg zum Bad kaum zuzumuten gewesen wäre. Jetzt verbindet ein heller Trakt beide Häuser. Die Badewanne selbst steht auf einer Empore und erlaubt dem Badenden einen weiten Blick in den mittlerweile wieder großzügig angelegten Park. Wie in alten Zeiten mündet nun auch die Einfahrtsallee wieder in die Schlossumfahrt direkt zum Schlossturm, der 2005 mit einer Barockhaube und einer 280 Kilogramm schweren freischwingenden Glocke komplettiert wurde. Davor blühen wie auch an vielen weiteren Stellen des Anwesens duftende Rosen in allen Rot- und Rosatönen. »Ohne meine Blumen würde ich hier nicht gerne leben«, beschreibt Patricia ihre Leidenschaft. In Momenten des Zweifelns, als man unsicher wurde, ob all die Großprojekte der Wiederherstellung des Anwesens realisierbar sein würden, hat sie ihre Ruhe und einen Ausgleich bei der Gartenarbeit gefunden. Vielleicht entstand dabei auch die Idee zum bisher letzten Gastzimmer. Sie nannte es Sternenzimmer und vollendete es kürzlich zusammen mit ihrem Mann, der sich für Innenarchitektur genauso begeistert wie sie. »Wir bauen alle Gästezimmer so aus, dass wir uns selber darin wohlfühlen«, erläutert die Schlossherrin und setzt schmunzelnd hinzu, dass »wir das natürlich auch ausprobiert haben«. Sie schiebt die schweren Vorhänge der Eingangstür beiseite. Ein höchst modern eingerichtetes Gästeloft mit zwei nebenein-

Patricia Gräfin zu Eulenburg und Hertefeld bei der Gartenarbeit

anderliegenden Badewannen und einem alten Brunnen, der sogar noch Wasser führt, überrascht den Besucher. Das Bett steht direkt unter einem großen Fenster im Dach, sodass die Gäste direkt in den Sternenhimmel sehen können. Und wem dies noch nicht reicht, der findet daneben einen »Sternenhimmel-Schalter«, der dazu verhilft, dass es noch mehr funkelt und sich Wege zu neuen »Galaxien des Wohlfühlens« eröffnen. Dass hier alle Zimmer vom persönlichen Geschmack der Besitzer geprägt sind und jedes etwas Besonderes auszeichnet, erkennt man spätestens im Ostasien-Zimmer, das mit vielen Mitbringseln von gemeinsamen Reisen dekoriert wurde. Neben einer Maske aus Sri Lanka, Tischchen aus Birma und Porzellan aus Peking findet sich dort auch ein riesiges Stück Bambus: »Wir haben diesen Bambus in Laos auf der Straße gefunden. Und ich erinnere mich gut daran, wie die Menschen sich über uns gewundert haben, als wir das große Stück wegtrugen.« Nur die Überseekiste und das Porträt Friedrich zu Eulenburgs, der Mitte des 19. Jahrhunderts als Gesandter den ersten Partnerschaftsvertrag zwischen Preußen und Japan schloss, erinnern hier an die Ahnen der Familie. Das Ergebnis dieser sorgfältigen Planung und Umsetzung individueller Einrichtungsideen ist überzeugend: Die sechs Gästesuiten sind fast das ganze Jahr über ausgebucht. Oft erlebt man mit den Gästen auch Überraschendes: So wollte ein ausländisches Paar wissen, ob denn die Schlossbesitzer noch eine Krone trügen. »Doch«, antwortete darauf Graf zu Eulenburg, »aber dies ist allein die Pflicht des Mannes, und ich trage die Krone auch nur nachts vor dem Zubettgehen; so schreibt es eben die Familientradition vor.« Als die Gäste die Krone sehen wollten, erklärte er, dass dies leider nicht möglich sei, weil sie in einem Tresor verschlossen gehalten würde und er außerdem niemandem seinen Anblick im Schlafrock zumuten wolle. Man kann sich vorstellen, wie schwer es Eingeweihten fiel, dieses Gespräch mit allem Ernst zu verfolgen. Eine Geschichte muss nicht wahr sein, wenn sie denn nur gut genug ist – so die augenzwinkernde Anmerkung des Hausherrn. Ob das auch für den Schlossgeist gilt,

der laut Aussage der Familie in der Ruine regelmäßig sein Unwesen treibt? Er soll immer wieder um Mitternacht spuken und in einer alten Truhe leben, zumindest findet sich seine Kleidung darin. Doch mit Sicherheit ist ihm eines nie gelungen: Besucher fernzuhalten. Schon wieder stehen erwartungsvolle Übernachtungsgäste vor der Schlosstreppe, und auch die nächste Veranstaltung findet bereits am folgenden Wochenende statt, gefolgt von vielen weiteren im Laufe des Sommers.

OBEN: Alexandrine Gräfin zu Eulenburg, geb. Freiin von Rothkirch und Panthen (1824–1902)
UNTEN: Das barocke Renteigebäude wurde 1706 errichtet
FOLGENDE DOPPELSEITE: Blick vom Renteigebäude in den Park

Bianca-Amalia Prinzessin von Preußen
Weyer Kastell

»Treu nach Bredow'scher Manier hat sie meine Burg erobert«, lacht Gert-Friedrich Prinz von Preußen, als er und seine Frau, Bianca-Amalia Prinzessin von Preußen, Weyer Kastell betreten. In der Eingangshalle der Wasserburg erinnert einiges an die glanzvolle Vergangenheit derer von Preußen. Ein altes Zollzeichen, das den preußischen Adler mit Königskrone zeigt, weist heute den Weg zum Salon, während würdevoll und respekteinflößend Kaiser Wilhelm I. vom Treppenhaus auf die Besucher herabblickt. Als Erklärung für seine Bemerkung weist Prinz von Preußen auf ein Allianzwappen, das über der Tür zum Speisezimmer hängt. »Auf der linken Seite sieht man das Gesamtwappen des Hauses Hohenzollern, aus dem die preußischen Könige und die letzten drei deutschen Kaiser hervorgingen. Und rechts, das ist das Wappen derer von Bredow und zeigt eine Sturmleiter mit drei goldenen Sprossen.« Inzwischen sei die Symbolik in eingeweihten Kreisen zum Running Gag geworden. Die Familie von Bredow, der Bianca entstammt, ist ein altes Adelsgeschlecht aus dem Osten.

Im Mittelalter wurde die Sturmleiter oft genutzt, um sich Einlass in fremde Burgen zu schaffen und diese zu erobern. »Manch einer nennt das Raubritter-Manier«, schmunzelt sie. »Aber so martialisch bin ich bestimmt nicht vorgegangen.« Eine schmale Tür führt vom Speisezimmer weiter in den Garten. Hier am Barockbecken mit den vielen Seerosen verbringt die Prinzessin am liebsten ihre freie Zeit. Unter einen großen Baum, der mit seinem ausladenden Laub Schutz vor der heißen Sommersonne bietet, zieht sie sich gern zurück. Und genau hier saßen im August 2009 bei ihrer Hochzeit auch die 35 Musiker des Königlich Niederländischen Harmonie-Orchesters. Als Überraschung waren sie gekommen, um das neue Prinzenpaar zu feiern. Eines von vielen unvergesslichen Erlebnissen in dieser alten Wasserburg. Leider kann die Züricher Bankerin, die immer noch zwischen ihrer Schweizer Wohnung und dem Kastell nahe Düsseldorf pendelt, nur jedes zweite Wochenende hier sein. Geboren wurde sie in Berlin und konnte sich nie vorstellen, einmal so ländlich zu leben und dies auch noch zu genießen. 2007 lernte sie Gert-Friedrich Prinz von Preußen auf einem

Das barocke Brunnenbecken im Park

mehrtägigen Ball mit über 500 Gästen kennen. »Wir begegneten uns erst beim Aschieds-Brunch am letzten Tag. Eigentlich schade, denn ich fand ihn recht sympathisch.« Äußerst beliebt war er und immer umringt von vielen Frauen. Trotz des eher flüchtigen ersten Eindrucks, den beide voneinander hatten, schlug Gert bald darauf einen Besuch von Weyer Kastell vor. »Was sollte ich Stadtmensch denn bloß am Niederrhein«, war ihre erste Reaktion. Aber die Neugier besiegte jeden Zweifel und die Angst, als Kosmopolitin hier auf allzu viel Grün zu treffen. »Mein erster Eindruck? Eine gelungene Überraschung! Denn von einem historischen Anwesen war nie die Rede gewesen.«

1288 wurde diese typisch rheinische Wasserburg als geldrisches Lehen erstmals erwähnt und als wasserumwehrte Dreiflügelanlage angelegt. Die ersten bekannten Besitzer des Gutes waren Angehörige des weitverzweigten Adelsgeschlechtes derer von Krickenberg. Nach teilweiser Zerstörung im Dreißigjährigen Krieg wurde das zweigeschossige Herrenhaus im Jahre 1634 durch den damaligen Burgvogt Rudolf von Kamphausen in der jetzigen Form wiedererrichtet. Es folgten die Grafen von Walldoß, Grafen von Spee, von Harff und weitere. Und auch neuzeitliche Besitzer hinterließen deutliche Spuren. So verwandelte eine Industriellenfamilie in den Siebzigerjahren des 20. Jahrhunderts den alten Rittersaal in ein modernes Schwimmbad. Heute wäre dies angesichts der klaren Vorschriften des Denkmalschutzes nicht möglich gewesen, und Bianca plante mit ihrem Mann sogleich die Rückführung in den ursprünglichen Zustand. Später kauften Steinhändler das Anwesen und ergänzten den mit Holz verkleideten Pferdestall um eine Badeanlage aus Marmor – die allein von den Tieren genutzt werden sollte. Heute befindet sich hier ein gastronomischer Betrieb, der von einem gemeinsamen Freund geführt wird. »Wenn wir zu Hause Gäste bewirten und mir das eine oder andere missglückt«, lacht Bianca, »kann ich schnell Ersatz herbeischaffen.« Das vom Hausherrn erlegte Wild wird hier angeboten – eine Besonderheit, die den guten Ruf des kleinen Restaurants begründet. Privat ziehen sich die Eheleute aber auch gerne in die eigene Küche zurück. »Wir sehen uns so selten und kochen gern gemeinsam. Dann wird zusammen geschnippelt, gebrutzelt und das gute Preußen-Bier genossen!« Die Küche ist geräumig, und Freunde sind gern gesehen. Dieses Leben, das sich leicht nach dem einer Märchenprinzessin auf einer verträumten Wasserburg anhört, basiert allerdings auf soliden Säulen und ist oft beschwerlicher, als es auf den ersten Blick scheint. »Wenn ich hier bin, unternehmen wir viel«, sagt Bianca und meint die Besichtigungen der zahlreichen benachbarten Schlösser und Museen, die Fahrten nach Holland oder einfach das Spazierengehen durch die Felder und Wiesen. »Die Wochenenden in Zürich lasse ich dagegen langsam angehen. Ich muss Kraft tanken für meine Arbeit und kann in Anbetracht der Vielfliegerei kaum abschalten.« Allein schon der Gedanke an erneutes Kofferpacken und die vielen Stunden in der Wartehalle ist ihr ein Graus. Und trotzdem passt die Anstrengung zum Werdegang der jungen Prinzessin. Nach einem Studium

OBEN: Zeitgenössische Skulpturen anstelle der Wachposten vor dem Eingang zum Kastell
RECHTS: Die Burgschänke und der Innenhof laden zum Verweilen ein

der Betriebswirtschaftslehre in Berlin entschloss sie sich zu einem weiteren Studium in Zürich. Dass ihr Professor schon zweieinhalb Jahre später emeritieren sollte und sie damit unter extremem Zeitdruck stand, war nicht ausschlaggebend dafür, dass sie ihre Dissertation im Bereich Informationsmanagement in Rekordzeit abschloss. Es wurden dreißig arbeitsintensive Monate mit Tag- und Nachtschichten. »Das war nicht unbedingt das, was man unter lustigem Studentendasein versteht.« Der anschließende Einstieg ins Berufsleben war nicht weniger anstrengend. Im Jahr 2003 erlebte die Wirtschaft einen ernsthaften Einbruch und Jobangebote waren rar gesät. Bianca entschied sich für die Selbstständigkeit, denn dieser Schritt war in der Schweiz einfacher zu bewerkstelligen als in ihrem Heimatland. 2005 folgte sie dem Ruf einer großen Schweizer Bank und wechselte in die Vermögensverwaltung. »Die umfassende Beratung

vermögender Privatkunden ist abwechslungsreich und macht mir großen Spaß!«, erklärt die erfolgreiche Geschäftsfrau – und das ist auch der Grund, warum sie immer noch zögert, Zürich zu verlassen. Auf die Frage, ob sie sich vorstellen könne, mit ihrem Mann in dessen privater Vermögensverwaltung zu arbeiten, wirkt sie nachdenklich. »Bedingung wäre, dass keiner dem anderen hineinredet«, sagt sie. »Es gibt aber ganz andere Gebiete, in denen ich mich in Weyer Kastell gern einarbeiten möchte.« In einem der Büroräume in der Vorburg stapeln sich Kartons mit Mustern für ein eigenes Tischservice, das die beiden gemeinsam weiterentwickeln möchten. Bianca öffnet den obersten Karton und packt Teller und Tassen aus Porzellan aus. Vasen und Kannen ergänzen die Serie. Auf jedem Stück prangt der gekrönte Königlich-Preußische Adler in Schwarz-Weiß. »Die kreative Verbindung von alter Heraldik mit modernem Design finde ich

Bianca-Amalia Prinzessin von Preußen trägt ein Kleid von Beatrice von Tresckow

spannend und zeitgemäß zugleich.« Spürbar ist die Begeisterung in ihrer Stimme zu hören. An der Endgestaltung und der Vermarktung möchte sie sich beteiligen so wie auch irgendwann an der Entwicklung von kulturellen Veranstaltungen auf Weyer Kastell. Klassische Musik wird hier genauso geschätzt wie zeitgenössische Kunst. Als glückliche Fügung empfindet Bianca, dass sie und ihr Mann den gleichen Geschmack teilen. »Dieses Bild aus seiner Sammlung gefällt mir besonders«, betont sie und zeigt ein nahe dem Büro angebrachtes Werk von Heinz Morszoeck. »Er war ein Meisterschüler von Lüpertz und nannte das Bild ›Standbein – Spielbein‹, fast passend zu unserer Beziehung.« Wie der ständige Wechsel zwischen ihrem Singledasein in Zürich und dem Status der verheirateten Burgherrin. »Es fügt sich dennoch alles zu einem harmonischen Ganzen, so wie Standbein und Spielbein für einen fließenden Gang sorgen.« Ein wenig bedauere sie bei den zunehmenden Aktivitäten in der Burg den Verlust der eigenen Privatsphäre. Doch wenn es ihr zu viel wird, findet sie Ruhe und Rückzug im Grünen Salon, der eigens für sie hergerichtet wurde. Hier fand sie auch einen alten Gedichtband, in dem der Heimatdichter Paul Therstappen seine Eindrücke von »Weiher Kasteel« festhielt.

»… *Rauchfahnen und Moor*
Und Gräben und Tor
Und Wolke und Wind
Sind all mein Gesind
Im alten Kasteele,
Darinnen ruht
So warm, so gut
Meine ganze Seele …«

Der Eingangsbereich von Weyer Kastell

Caroline Hatlapa
Herrenhaus Borghorst

Wir sind hier in Holstein! Hier giltst du in der dritten Generation noch als zugereist!«, sagt die Österreicherin Caroline Hatlapa mit scherzhafter Entrüstung. Ihr ist es gelungen, sich auch schon in der »ersten Generation« hier in Schleswig-Holstein wohlzufühlen und – vor allem – von den anderen akzeptiert zu werden. Das ist keine Selbstverständlichkeit und lange nicht die einzige Besonderheit, die ihr Leben ausmacht.

1991 entdeckt sie auf einem Flug von München nach Hamburg eine kleine Anzeige in der *Welt am Sonntag*. Zu dieser Zeit lebt sie mit ihrer Familie in Uetersen, nicht weit entfernt von der Firma ihres Mannes. »Ich wollte immer hinaus aufs

Land«, erzählt sie. »Das zum Kauf angebotene Herrenhaus interessierte mich sofort.« Da ihr Mann sich zu dieser Zeit geschäftlich in China aufhielt, vereinbarte sie alleine einen Termin beim Makler und fuhr von Uetersen nach Borghorst. »Ich sah das Haus und bekam Gänsehaut!«, erinnert sie sich. Verwildert und renovierungsbedürftig zeigte sich das historische Anwesen an diesem Nachmittag von seiner freundlichsten Seite. Über eine Anfahrt durch einen hellgrün belaubten Buchenwald fuhr man vorbei an blühenden Rapsfeldern zu dem noch von Glyzinien und Rosen überwucherten Bau. Ein erhebendes Erlebnis! Und Caroline Hatlapa fühlte in sich Liebe auf den ersten Blick und eine unwiderstehliche Anziehung! »Ich war einfach machtlos und wusste sofort, hier gehöre ich hin.«

Doch eigentlich sprach alles gegen diese Liebe. Das Haus war zu groß, zu teuer und lag zu weit entfernt vom Arbeitsort ihres Mannes. »Und trotzdem, nie war die Frage, ob, sondern nur wie das Haus in unseren Besitz gelangen würde.« Nach zwei zähen Verhandlungsjahren wurde der Kaufantrag 1993 endlich unterschrieben. An der Richtigkeit dieser Entscheidung zweifelte sie nie. Und auf die Frage, wie sie denn alle Risiken hätte im Vorhinein abwägen können, meint sie, ein bisschen Glück gehöre im Leben dazu, wie schon damals, als sie sich mit ihrem Mann und zwei Freunden auf der Durchreise nach Israel in Ägypten befand. Ein Aufenthalt im luxuriösen Hotel Oberoi in Sahl Hasheesh sollte damals einen höchst ungewöhnlichen Ausklang finden. »Ich landete im Knast«, erinnert sie sich. »Wir saßen zusammen bei einem späten Abendessen. Die Mücken plagten, und wir ließen eine Mückenspirale unter dem Tisch aufstellen. Am Nachbartisch speisten einige arabische Herren mit einer blonden, europäisch aussehenden Frau und einem kleinen Kind, das immer zu uns unter den Tisch krabbelte und mit der glühenden Spirale spielen wollte. Um ein Unglück zu verhindern, wandte sich meine Freundin an die, wie wir glaubten, Kinderfrau, um sie zu bitten, auf das Kind aufzupassen. Kaum war meine Freundin an ihren Platz zurückgekehrt, näherte sich ein höchst erboster Araber. Er sah in ihrer Bitte eine Beleidigung der Ehre seiner Ehefrau und forderte uns auf, uns augenblicklich aus dem Hotelrestaurant zu entfernen. Um seiner Forderung Nachdruck zu verleihen, kippte er den Esstisch mit der heißen Tomatensuppe auf uns. Als wir nach dem Manager und der Polizei verlangten, behauptete der wütende Araber, dass er sowohl Präsident der Polizei als auch Manager des Hotels sei.« Die Dinge nahmen ihren Lauf, und Caroline, ihr Mann und die Freundin wurden in Gewahrsam genommen. Nach einem langen Verhör wurde ihnen ein viele Seiten umfassendes arabischsprachiges Protokoll zur Unterschrift vorgelegt. Da sie ihren Weiterflug nicht verpassen wollten, unterschrieben sie mit dem einschränkenden Kommentar »I herewith sign this paper not knowing what I am signing« und kamen frei.

Das Glück hat sie weder beim Abenteuer in Ägypten noch in Borghorst verlassen. »Worauf man sich einlässt, wenn man ein so großes und renovierungsbedürftiges Herrenhaus wie dieses erwirbt, kann man im Vorhinein nie genau wissen.« Zwei Jahre lang fuhr sie dreimal in der Woche hierher, um den ersten Teilabschnitt der Renovierung des vollkommen maroden Baus mit Wasserschäden, Schwamm und Salpeter zu überwachen. Mit großer Verzögerung wurde die private Wohnung im ersten Stock fertiggestellt, und erst zur Einschulung von Tochter Helena im August 1997 konnte die Familie einziehen.

Die Renovierung wurde mit dem Gartensalon fortgesetzt. Dank umfassender Unterstützung durch die Deutsche Stiftung Denkmalschutz konnte dort die älteste handgemalte Bildertapete Schleswig-Holsteins von 1825 restauriert und erhalten werden. Motive aus der griechischen Antike in einer Landschaft in Hellblau und Grüntönen bezaubern heute den Besucher und geben dem Saal ein festliches Gewand. »Ich erinnere mich gut, dass ich von

einem Besucher ungläubig gefragt wurde, ob ich denn wirklich dieses Riesenhaus ganz alleine unterhalten würde.« Nach der Trennung von ihrem Mann fühlte sich Caroline tatsächlich ratlos und alleingelassen und wusste nicht, wie sie das Haus würde erhalten können. Doch ihr Wille, diese Schwierigkeiten zu bewältigen, war groß. Probleme sah sie als Herausforderung und fand immer eine Lösung.

2003 qualifizierte sich die exzellente Dressurreiterin zum wiederholten Male für die österreichische Olympiamannschaft, diesmal für Athen. Doch dann entschied sie sich schweren Herzens, ihr Olympiapferd zu verkaufen. Der Erlös sollte ihr die

Caroline Hatlapa beim Training auf der Reitbahn

Die älteste handgemalte Bildtapete Schleswig-Holsteins von 1825 ziert den Gartensalon

Basis für den weiteren Ausbau von Borghorst geben und ihr die Umsetzung neuer Ideen und Konzepte ermöglichen.

Mit der Renovierung und der Vermietung des Gartensalons für Feierlichkeiten konnte das Unternehmen Borghorst allerdings noch nicht unterhalten werden. Weitere Renovierungen wurden in Angriff genommen, wobei sich die Instandsetzung des grünen Salons mit seinen vergoldeten, geschnitzten Boiserien zum finanziell aufwendigsten Unternehmen entwickeln sollte. Legt man diesen mit dem anliegenden Seesalon zusammen, in dem auch Konzerte stattfinden, können hier jetzt Feierlichkeiten mit 180 Gästen in eleganter Umgebung ausgerichtet werden. Mit dem Abschluss der Renovierungsarbeiten 2005 hat eines der schönsten barocken Herrenhäuser

Links: Die großzügige Holztreppe im Régence-Stil

Unten: Das Grafenzimmer ist mit antiken Möbeln und Lampen ausgestattet

Herrenhaus Borghorst – Ansicht vom Park

Schleswig-Holsteins seinen ursprünglichen Charme wiedererhalten. 1450 wurde die einstige Wasserburg zum Herrenhaus umgebaut. Josias von Qualen, dessen Wappen mit dem seiner Frau Elisabeth von Blome das Sandsteinportal ziert, war für den Aufschwung der ganzen Region im Geiste der Aufklärung verantwortlich. Legendär waren die damals in Borghorst stattfindenden Maskenbälle, auf die man auch heute wieder Bezug nimmt – etwa anlässlich häufig stattfindender Krimidinners. Viele weitere Aktivitäten werden im ländlichen Borghorst angeboten und ermöglichen den Erhalt des Unternehmens mit kreativen Ideen. Von April bis Oktober finden an jedem Wochenende Hochzeiten statt, denn gerade diese passen bestens zur fröhlichen Ausstrahlung des Hauses, und wie zur Bestätigung fällt der Blick der Besucher auf einen schelmisch grinsenden Faun über dem Portal. »Wenn es regnet«, lacht Caroline, »und man nicht schnell genug ins Haus kommt, tropft dem Gast von seiner spitzen Nase Wasser aufs Haupt.«

Caroline Hatlapa ist gelungen, das Haus auf mehrere solide Säulen zu stellen, die den Unterhalt sichern: Hochzeiten im eigenen Standesamt mit anschließender Feierlichkeit, Konzerte und Firmenfeiern, Vermietungen von Pferdeställen, Dressurunterricht, Familienaufstellungen, Forst- und Landwirtschaft und ein Blockheizkraftwerk.

Immer noch ist das Dressurreiten ihre größte Leidenschaft. In den Stallungen stehen zwölf Pensionspferde und zwei eigene. Um die richtige Reitweise mit den Tieren zu vermitteln, finden einmal im Monat unter Leitung von Dr. Gerd Heuschmann Reitlehrgänge statt, die die Verbindung zwischen Reiter und Pferd aus der Sicht der Biomechanik vertiefen sollen. Als Abrundung des gastlichen Angebots stehen drei Ferienwohnungen und sechs Doppelzimmer bereit. Diese haben vom deutschen Verband für Tourismus fünf Sterne bekommen.

Zum Unterhalt von Borghorst trägt außer diesen Unternehmungen auch ein Blockheizkraftwerk bei, das auf Pflanzenölbasis Biostrom produziert, der verkauft wird. Die anfallende Wärme beheizt das Herrenhaus. Der hundert Hektar große Wald, den die Schlossherrin ebenfalls selber managt, ist ein weiterer wichtiger Bestandteil. »Zurzeit mache ich eine forstwirtschaftliche Ausbildung«, sagt sie. »Zeit habe ich wenig, das stimmt. Aber Zeit für die Dinge, die mich faszinieren und mir wichtig sind, lasse ich mir nicht nehmen. Ich glaube an die positive Energie hier. Sie belebt die Menschen, die hier wohnen oder zu Gast sind.« »Everything is possible!«, ist ihr Motto. Das macht sicher den unglaublichen Erfolg aus, mit dem ihre Mitarbeiter und sie selbst hier in Borghorst agieren und arbeiten.

Die Forstwirtin bei der Arbeit im Wald

Mechthild Freifrau von Wendt-Papenhausen
Burg Boetzelaer

In ihrer Glanzzeit im 13. und 14. Jahrhundert war die Wasserburg zu Boetzelaer ein nahezu uneinnehmbares Kastell mit zwei Vorburgen, einem siebengeschossigen Bergfried und einem umfangreichen Wassergrabensystem. Im Laufe der Jahrhunderte erlebte die Burg mit ihren Untergebäuden viele Umbauphasen, bevor sie im Zweiten Weltkrieg stark beschädigt wurde. Danach verfielen die Gebäude zusehends, und am Ende blieben nur noch wenige Überreste sowie das heruntergekommene Kutscherhaus übrig.

Umso mehr überrascht, dass an dieser Stelle heute eine beschauliche, wunderschöne Anlage entstanden ist. Auch wenn diese nur einen Bruchteil des Ausmaßes der einst ältesten strategischen Wasserburg am Niederrhein ausmacht, ist hier doch ein denkmalgeschütztes Highlight mit herrschaftlichen Räumen für kulturelle Veranstaltungen und ein schmuckes Hotel entstanden, dessen fünf Doppelzimmer und fünf Suiten zum Beispiel die Namen Princesse, Baronesse oder Lady tragen.

1977 erblickt ein junges Ehepaar aus Düsseldorf die ruinöse Anlage und erkennt in ihr die Chance der Erfüllung eines lang gehegten Traums vom ruhigen Landleben in einer vom Wasser umgebenen historischen Kulisse. Mechthild Freifrau von Wendt-Papenhausen hat gerade ihre Referendarzeit als Englisch- und Französischlehrerin in der Realschule absolviert und ist Feuer und Flamme. Allerdings entpuppte sich das Vorhaben bald als große Herausforderung für das Ehepaar.

Wenn man dem Wegweiser zur Burg Boetzelaer in Kalkar-Appeldorn heute folgt, erreicht man die Burg über eine mächtige Pyramideneichenallee. Der erste Eindruck des mittelalterlichen Gebäudes überrascht. Eine haushohe moderne Glas- und Stahlkonstruktion ist in die historische Fassade integriert – und dies auf sehr gelungene Weise. Zeitgenössische Künstler werden des Öfteren auf die Burg zu Ausstellungen eingeladen, um so eine überzeugende Verbindung von altem und neuem Kulturgut herzustellen.

Der Rittersaal unter dem imposanten Kreuzrippengewölbe aus dem 14. Jahrhundert dient als Ort für Ausstellungen, ist aber gleichzeitig auch gemütlicher Frühstücksraum. Als Mechthild Wendt-Papenhausen 1978 hierherkam, waren sie und ihr Mann eigentlich nur daran interessiert, das Kutscherhaus zu renovieren und dort einzuziehen. Nun sitzt die zierliche Frau mit der Kurzhaarfrisur und moderner Brille entspannt vor dem offenen Feuer des großen Kamins, knackt selbst geerntete Walnüsse und nimmt einen Schluck Tee. »Dass ich hier einmal vor einem lodernden Kaminfeuer sitzen würde, das hätte ich mir nie träumen lassen.« Dann berichtet sie von den ersten Jahren, als sie den Putz im Kutscherhaus abschlug und sie und ihr Mann mit Hilfe von Freunden größtenteils in Eigenleistung ihr jetziges Wohnhaus renovierten. »Die angrenzende Ruine war Kulisse. Ich sah sie als malerische Beigabe zum Kutscherhaus und wollte dort Esel laufen lassen«, erklärt sie lächelnd. »Oder besser noch Elefanten!« Nicht so ihr Mann, Maximilian. Der Landschaftsarchitekt war entschlos-

Blick in das historische Rittergewölbe der Hauptburg

Mechthild Freifrau von Wendt-Papenhausen

sen, die Burg wieder aufzubauen und bewohnbar zu machen, und scherte sich wenig darum, dass dieses Unternehmen illusorisch erschien. Und wie reagiert ein ehemals »Kölsches Mädchen«, wenn es erkennt, dass es ihrem Mann ernst mit einem solchen schier undurchführbaren Projekt ist? »Ganz ehrlich? Ich war sauer!« Doch dann entschied sie, doch mit anzupacken, denn die einzige Möglichkeit war, zu bleiben und die Herausforderung anzunehmen. Eine kostspielige und zeitintensive Herausforderung. Doch »organisieren und kontrollieren lernt man in der Schule«. Den Aufbau selber, die Planung und die Finanzierung überlässt sie ihrem Mann – einerseits, weil sie keine architektonische Erfahrung aufweisen kann. Andererseits auch, weil der Beruf und ihre Kinder die volle Aufmerksamkeit einforderten. Als es aber darum geht, die Burg zu möblieren und ihr durch die vielen liebevollen Details neues Leben

Rückansicht von Burg Boetzelaer und dem Kutscherhaus

einzuhauchen, ist ihr Talent unverzichtbar. »Wir haben unzählige Flohmärkte besucht«, erzählt sie beim Gang in den großen Festsaal. Die angrenzende ehemalige Kapelle wird inzwischen für standesamtliche Hochzeiten genutzt. »Wir haben Möbel und Stoffe gesammelt und erst einmal gelagert. Dann ging's ans Nähen und Polstern. Und ans Schleppen!«, erinnert sich die Freifrau. Hin und her wird überlegt, ausgesucht und wieder umgestellt. Bis schließlich alle Schränke und Vasen, Tische und Kommoden, die sie zusammen mit ihrem Mann über Jahre ausgesucht hat, unter ihrer Regie einen passenden Platz gefunden haben. »Eine solche gemeinsame Aufgabe schweißt zusammen, und diese harte Arbeit für einen Traum macht unendlichen Spaß und bietet mir

ein ganz anderes Leben als das in der Schule.« Die Frage ist, wie die Schüler auf eine Burgherrin als Lehrerin reagieren? »Anfangs musste ich erklären, was eine Freifrau ist. Und natürlich auch, dass diejenigen, die auf einer Burg leben, nicht dem Klischee der reichen Dame entsprechen.« Oft erklärt sie ihren Schülern, dass sie sich vielleicht nicht im herkömmlichen Sinne als reich bezeichnen kann, weil sie jeden Cent in die Renovierung der Burg steckte. Doch ihr wahrer Reichtum sind dieses neu gewonnene Heim und die über lange Jahre gesammelten Erfahrungen bei der Realisierung dieses Großprojektes.

Und dann ist da noch die Geschichte von der Suche nach einem Schatz in der damaligen Ruine. »Wir haben einen mittelalterlichen Löwenkopf gefunden, den wir unten in der Halle ausstellen.« Der Fries über dem imposanten Kamin im festlichen Kaminsalon zeigt die Wappen der ehemaligen Besitzer. »Tatsächlich war der Kamin zerstört und der Fries in Teile zerlegt. Der Mittelteil diente als Boden für den damaligen Abort und erlitt dabei glücklicherweise nur geringen Schaden, sodass er vollständig restauriert werden konnte.«

Ihre Ansichten über die Erziehung ihrer Kinder und die Fortführung traditioneller Werte in der Familie sind ebenso solide und bodenständig wie alles, was sie an diesem historischen Ort geschaffen hat: »Ich sehe keinen Widerspruch in meiner Erziehung als bürgerliches Mädchen verglichen mit der meines adeligen Mannes.« In beiden Familien ging es um Rechtschaffenheit, Ehrlichkeit und Fleiß. Diese Werte wollen beide Eltern an die eigenen Kinder weitergeben. Alles andere müssen diese selber schaffen. Und so wird auch nicht unbedingt erwartet, dass die Kinder die Arbeit der Eltern fortführen und die Burg übernehmen. »Jeder muss seinen Traum selber finden und ausleben«, ist die Ansicht von Mechthild Wendt-Papenhausen, die selbst ihre Träume an diesem Ort verwirklicht hat. »Von den Eseln und Elefanten habe ich mich aber inzwischen verabschiedet!« Aber da ist noch ein klitzekleiner unerfüllter Wunsch: ein Eigenheim am Deich an der Nordsee. Aber der wird erst einmal auf spätere Zeiten verschoben. An diesem Ort gibt es doch noch einiges zu tun, erklärt die Schlossherrin, greift energisch nach dem Tablett mit dem Frühstücksgeschirr und deckt den Tisch für Gäste, die morgen erwartet werden.

Ivonne Gräfin von Schönburg-Glauchau
Schloss Westerhaus

Das Haus der Matriarchinnen, denke ich, als ich mich an diesem Nachmittag von Gräfin von Schönburg-Glauchau verabschiede. Und hatte nie erwartet, geballte Frauenpower mit Schloss Westerhaus zu assoziieren.

Im Jahr 1900 erwarb Heinrich, einer der fünf Söhne von Adam Opel, das Hofgut, das zwar 1408 erstmals urkundlich erwähnt wurde, tatsächlich aber im Zusammenhang mit der Gründung der Kaiserpfalz Karls des Großen in Ingelheim im 8. Jahrhundert steht. Über 600 Jahre residierten die Grafen von Bolanden und Ingelheim in Westerhaus, wie das »Hus und ecker uff deme Westirberge« bald genannt wurde. Als kurpfälzisches Lehen blieb es über 400 Jahre bis zur Enteignung durch französische Revolutionstruppen zum Beginn des 19. Jahrhunderts im Besitz der Grafen von Ingelheim. Anfang des 20. Jahrhunderts fand der naturverbundene Heinrich hier seinen idealen Sommersitz. Für den großen Reiter und Weinkenner sollte Westerhaus bald auch ein geliebtes Wochenendrefugium werden.

Doch wer waren die starken Frauen der Opels und wie ist deren Verbindung zu Gräfin Ivonne? »Schon meine Urgroßmutter Emmy, die Frau von Heinrich, zeichnete sich aus durch ihre unvergleichliche Energie und Stärke«, erzählt Ivonne. Als Landwirtstochter vom Gut Mönchshof kommend, war Emilie Weber bodenständig und rüstig. Und enorm energisch. Sie hielt das Zepter in der Hand beim Um- und Ausbau von Westerhaus, doch ihre Leidenschaft galt in besonderem Maße dem Autosport. Sie fuhr selber Autorennen, eine Seltenheit für Frauen zu damaliger Zeit.

Kurz vor Beginn der Zwanzigerjahre spielten Heinrich und sein Bruder Wilhelm eine so große Rolle im Wirtschaftsleben Hessens, dass der Großherzog Ernst Ludwig sie mit Urkunde vom 13. März 1917 in den großherzoglich hessischen Adelsstand erhob. Ein Leben wie im Bilderbuch wurde es dennoch nicht. Am 7. März 1922 trifft Heinrich und Emmy von Opel ein schwerer Schicksalsschlag. Einer, der wie Ivonne sagt, leider öfters bei den Opels zu finden ist. Von den drei Kindern stirbt der einzige Sohn in jungen Jahren. Nach nur sechs weiteren Jahren folgt Emmy ihrem Mann 1928 in den Tod. Sie hatte dreißig Jahre auf Westerhaus regiert und überließ nun die Führung ihrer Tochter Irmgard, die als Vollwaise mit 21 Jahren das Hofgut übernahm. »Im Prinzip waren es die Opel-Frauen, die in Westerhaus das Sagen hatten«, erzählt

Der Innenhof des Schlosses

LINKS: Wappen der Familie von Opel
RECHTS: Schlossturm aus dem 19. Jahrhundert

Ivonne. Was bei Emmy schon anfing, sollte bei Irmgard nicht anders sein. Unter ihrer Führung wurde das Haus von innen und außen verändert.

Ich folge Ivonne die geschwungene Holztreppe hinunter in den Salon. Dunkle Hölzer aus der berühmten Werkstatt von Rüsselsheim finden sich wieder in den schweren Bodendielen und in den üppig geschnitzten Säulen des Salons. Einmalig ist die Orgel, die Irmgard 1929 hier installieren ließ. Große silberfarbene Pfeifen beherrschen den Raum und kaschieren die tausend weiteren, die das Klangbild dieses Instruments ausmachen. Wie ihre Großmutter auch spielt Ivonne selber diese Orgel, den gegenüberstehenden Flügel und Flöte. »Sie war ein großer Einfluss in meinem Leben«, erzählt sie mir, deren Name in Andenken der Großmutter mit I anstatt mit Y geschrieben wird. »Aber eine Großmutter im herkömmlichen Sinne war sie nicht.« In den Dreißigerjahren des 20. Jahrhunderts war Irmgard von Opel weltbeste Reiterin in Military und Springsattel. Eine unglaubliche Leistung in dieser von Männern dominierten Domäne.

Irmgard von Opel war gleichzeitig große Unternehmerin. Seit 1928 bewirtschaftete sie das Hofgut sowie das vom Vater geschaffene Gestüt Westerberg. Unter ihrer Regie wurden umfangreiche Baumaßnahmen am Haus und im Park durchgeführt, und das Hofgut wandelte sich zum sogenannten Schloss. Die Gärtnerei mit einem Geschäft

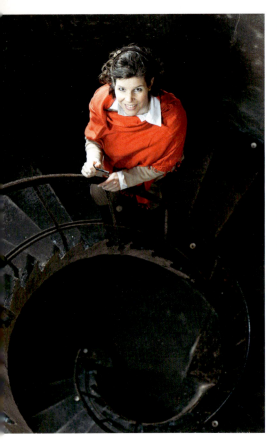

OBEN: Treppe zum Weinkeller
OBEN RECHTS: Die Weinfässer der Familie von Opel

in Bingen am Rhein, das große Weingut mit Sektvertrieb, der Milchviehstall, die Schweinezucht- und haltung wurden von ihr als gesonderte Betriebszweige betrieben. Das Gestüt, früher auch Rennstall, mit eigener Reitanlage, Springplatz und Halle, diente der Vollblutzucht, und weitere Güter kamen hinzu. Anfang der Fünfzigerjahre erhielt sie von ihrem Mann Georg die Vereinigten Kapselwerke in Nackenheim, der Marktführer bei der Herstellung von Flaschenkapseln. Mit ihrem Kapital gründete einer ihrer Söhne, Carlo, die Firma Chio Chips, deren Name aus den Anfangsbuchstaben von Carlo, Heinz und Irmgard von Opel besteht. Der zweite Sohn, Heinz, Vater von Ivonne, übernahm 1978 die Vereinigten Kapselwerke und zog mit seiner Familie nach Westerhaus. »Hier sind meine Kindheitserinnerungen«, erzählt mir Ivonne und zeigt aus dem Fenster über liebliche Weinberge hinaus ins Rheingau. Und, obwohl ihre Großmutter auf Sichtweite in eine wunderschöne Mühle zog, so blieb sie hier stets sehr präsent. »Ich fühle direkt ihre Fußspuren, in die ich hier trete«, sagt Ivonne. Die große Entrepreneurin ist offensichtlich ihr Leitbild. Eine Unternehmerin, die zugleich Grande Dame war, ein äußerst mondänes Leben führte und sich doch um jedes unternehmerische Detail kümmerte. Ihr Elan war sagenhaft, ihre Kraft respekt- und manchmal angsteinflößend, erzählt Ivonne, und ihr Interesse galt jedem Detail – dabei blieb sie den

Menschen nah und unterschrieb jeden Vertrag, bis hin zu dem des jüngsten Auszubildenden. Noch vor Kurzem, erzählt Ivonne, habe sie Anweisungszettel ihrer Großmutter gefunden, worin sie genau bestimmte, was in ihrer Abwesenheit zu tun sei.

Dass Ivonne eines Tages selber Westerhaus übernehmen würde, war so nicht vorgesehen, sagt sie. »Ein kleiner Zickzackkurs führte mich erst weg und dann wieder zurück zu meinen Wurzeln im Weingut.«

Sechs Jahre ist sie, als sie mit ihrer Familie nach Westerhaus zieht. Hier verlebt sie als mittlere von drei Schwestern mit einem jüngeren Bruder eine behütete Kindheit. Nach Abitur und einem Jahr im Ausland beginnt sie ein Studium der Musikwissenschaften. »Mich trieb nicht der Gedanke an eine Karriere, sondern die Freude an der Musik«, sagt sie hierzu. Nach Beendigung der Studienjahre in Freiburg und Würzburg beginnt sie ein zweites Studium an der Axel Springer Akademie in Hamburg. Einer inneren Stimme folgend, bewirbt sie sich im Kulturressort des *Spiegel* und wird angenommen. »Eigentlich habe ich mich introvertiert entwickelt«, behauptet sie, »aber ich war auch immer ambitioniert.« Es folgen sechs spannende Monate, in denen sie sich als junge sogenannte »freie feste Mitarbeiterin« unter erfahrenen Intellektuellen beweisen muss. Als dann die Zeitschrift *Bunte* anbietet, sie fest einzustellen, wechselt sie nach München in ein neues journalistisches Genre. Mit dem plötzlichen Tod ihres Vaters kommt die einschneidende Wende in ihrem Leben. Ivonne überlegt nicht lange und kündigt ihren Beruf. »Ich fühlte instinktiv, dass das Weingut verkauft werden sollte«, sagt sie und wehrte sich dagegen. Schon immer sei sie diejenige gewesen, die ihren Vater auf Weinreisen begleitete und im Weingut diverse Praktika absolviert hätte. Dass der Patriarch lieber den Sohn an der Führung von Westerhaus gesehen habe, sei wahrscheinlich, sagt Ivonne. Ihre Bodenständigkeit und ihre Erziehung haben ihr aber die ausschlaggebende Kraft gegeben, sich dieser neuen Rolle im Leben zu widmen. Was ist ihre Motivation, was gibt ihr die treibende Kraft?

»Ich möchte die Tradition der Opels fortführen«, sagt sie, »nur neu definiert«, und zeigt auf den Leitspruch ihrer Familie: »Traditio, innovatio, fortitudo«. »Traditio« setzt sie mit der Tradition der Opel-Frauen fort, »fortitudio« hat sie bewiesen, und

Die Probierstube im Weingut

Blick vom Esszimmer über die Weinberge des Rheingau

»innovatio« wird sie als weiteren Leitfaden in der Führung ihres Weingutes einsetzen. Doch zuerst galt es, alte eingefahrene Strukturen aufzubrechen und zu erneuern. »Ich wurde als junge Frau anfangs gar nicht akzeptiert«, erinnert sie sich und schmunzelt. »Man hat meine Anweisungen und neue Ideen einfach ignoriert. Aus Verzweiflung habe ich meinen zukünftigen Mann, Johannes, angerufen und ihm gesagt, er müsse kommen und mir helfen.« Er ließ alles fallen und kam, auch gegen den Einfluss seiner Eltern, die meinten, eine ungewisse Zukunft stünde den beiden bevor. Aber Ivonne wollte ausharren und sich durchsetzen. »Mein Vater hat immer gesagt, wir könnten alles machen, was wir wollten. Nur besser als gut müssten wir dabei sein. Er akzeptierte nur die Besten, und das haben Johannes und ich mit unserem Weingut auch vor.« Nach und nach hat das junge Ehepaar die alten Hierarchien entfernt. »Wir sind ein kleines Team, und jeder packt an.« Auch dies ganz im Sinne der Opel-Tradition. Aber auch im Sinne der Familientradition ihres Mannes. »Die Grafen von Schönburg-Glauchau blicken auf eine jahrhundertealte Historie zurück.«

Viel wurde in beiden Familien geleistet, das ist der gemeinsame Nenner. Mit ihren drei Kindern ist Ivonne vollends beschäftigt und trotzdem zuständig für den Vertrieb und die Vermarktung. Im Ausschank trifft man sie genauso beim Gustieren der Weine wie zu allen Jahreszeiten im Weinberg bei den Reben. Es sei ein großer Kontrast zu den schnelllebigen Zyklen des Boulevard-Journalismus, meint sie. »Hier bestimmen das Wachstum und die Sorgfalt im Umgang mit unseren Weinen das Tempo.« Dann führt sie mich in den Keller zu den Schätzen des Weinguts. Stolz zeigt sie mir das Weinfass, das sie zu ihrem 14. Geburtstag erhielt. Dort eingeschnitzt sieht man Musikinstrumente und darüber ihren Namen Ivonne von Opel. »Das ist ein Symbol meines Lebens«, meint sie und schenkt mir ein Glas des gerade prämierten Rieslings ein. »Aber eine Innovation gibt es noch hier im Weingut«, meint sie, als wir wieder hinaufgehen und auf die Terrasse treten. Dort oben am Eingang zum Gut wehen jetzt zwei Fahnen, die der Opels und die der Schönburg-Glauchaus. »Welcher Einfluss letztendlich die Oberhand haben wird, wird sich zeigen«, meint sie. Und ich meine, die Verquickung beider wird das Geheimnis des Erfolgs von Westerhaus sein.

58 Annette Gräfin zu Ortenburg

Annette Gräfin zu Ortenburg
Schloss Tambach

Tatkräftig, entschieden und zielstrebig – das alles ist Annette Gräfin zu Ortenburg. Seit neun Jahren lebt die ehemalige Anwältin nun hier auf Schloss Tambach. Damals gab sie ihre aufreibende und lieb gewordene Tätigkeit auf – doch wurde ihr Leben hier auf dem Land keineswegs so ruhig, wie man hätte annehmen können.

In der ersten Etage ihres Anwesens, die sie gemeinsam mit ihrem Mann Heinrich und den Kindern bewohnt, tragen die hellen Salons und das große Esszimmer deutlich die Handschrift der modern denkenden Frau. Ihre große Leidenschaft gilt der zeitgenössischen Kunst, die man hier an vielen Wänden findet. »Mit mir zog Contemporary Art ein. Tambach ist ein wunderschönes Haus, nur war es mir zu museal«, erklärt sie.

»Gerne bin ich bereit, mich für die Tradition und den Erhalt des Schlosses einzusetzen, doch das allein füllt mich nicht aus. Neben meinen Tätigkeiten für das Schloss arbeite ich ehrenamtlich für den Hospizverein, beschäftige mich mit moderner Kunst und Kunstgeschichte und spiele Golf.«

Groß geworden in einem Ort in der Nähe von Hanau, war ihr sehnlichster Wunsch, nach dem Abitur Kunst zu studieren. Die Eltern aber bestanden auf einer »soliden« Ausbildung, und das Ergebnis war ein Jurastudium in Würzburg, Lausanne und Göttingen. »Im Nachhinein muss man zugestehen, dass das Studium der Rechtswissenschaften eine gute und solide Basis für viele Aktivitäten im Leben und auch für meine Tätigkeiten hier im Schloss ist. Der Kunst bin ich damals durch ein zeitweiliges Parallelstudium in Kunstgeschichte verbunden geblieben.« Ein Blick auf die Wände des Schlosses beweist, wie sich diese Entscheidung auf die Gestaltung ihres neuen Zuhauses ausgewirkt hat. »Ganz besonders interessieren mich die jungen, oft noch nicht so bekannten, zeitgenössischen Künstler. Spannend ist, deren Entwicklung zu verfolgen.«

Mit dem großen Gemälde im Esszimmer verbindet sie eine Anekdote, die ein wenig die neue Atmosphäre spiegelt, die im Schloss Einzug nahm. Der Künstler, Benjamin Moravec, setzte hier seine Impression des Monet'schen Gartens in Giverny um. »Das Bild fiel mir bei einer Messe sofort auf, und ich hätte es gerne gekauft.« Doch der Galerist erklärte, es sei bereits reserviert. »Später, am gleichen Tag, erhielt ich seinen

Gräfin zu Ortenburg mit den von ihr mitgestalteten Weihnachtskugeln

Anruf und erfuhr, dass der Interessent vom Kauf zurückgetreten war, da er nicht genügend Platz für das große Werk habe.« Es vergingen sechs Monate, und rein zufällig erfuhr Annette zu Ortenburg, dass der ursprüngliche Interessent ein enger Freund war.

Auch ihr Ehemann ist mittlerweile den zeitgenössischen Strömungen in der Kunst nicht abgeneigt. 2008 richtete er in dem zum Schlossgrundstück gehörigen Wald einen Ruheforst ein, in dem Urnenbestattungen in einer stillen und naturnahen Atmosphäre stattfinden. Zusammen mit dem Künstler Willi Hengge aus Regensburg suchte er eine Eiche aus, die als Kreuzsymbol bearbeitet und aufgestellt werden sollte. Annette zu Ortenburg, die die Arbeit vor Ort verfolgte, war anfänglich wenig begeistert. »Ich sah einen auf dem Boden liegenden Eichenbaumstamm, dessen drei Äste in einer ganz bestimmten Art und Weise nach oben ragten, und konnte mir kaum vorstellen, dass dies ein würdiges Denkmal an diesem besonderen Ort werden könnte und vor allem von dem Besucher angenommen werden würde.« Sie scheute sich nicht, ihre Bedenken dem Künstler mitzuteilen, der mehr als empört darüber war, dass sich »eine ihm unbekannte Frau« in sein Schaffen einmischte. Später, als Annette zu Ortenburg das vollendete Kunstwerk mit der Christusfigur – die auf dem auf dem Boden liegenden Stamm vorher nicht zu erkennen war – sah, war sie begeistert. Heute steht sie gemeinsam mit ihrem Mann hinter der Entscheidung für diese Darstellung. Als Team arbeiten die beiden gemeinsam auf dem Schloss, wobei jeder sein eigenes Aufgabengebiet hat. Bei der Erledigung der im Schloss anfallenden Aufgaben erweist sich, wofür die einst nicht ganz freiwillig begonnene Ausbildung nützlich ist: Die umfangreichen vertraglichen Angelegenheiten des Unternehmens sind bei ihr in den besten Händen. So etwa die komplexen Verhandlungen mit dem Veranstalter der jährlich stattfindenden Rockkonzerte im Schlosshof. Auch ihr Mann hatte früher schon Ähnliches unternommen und dabei Weltstars wie Bob Dylan und Joan Baez nach Tambach gelockt. Jetzt sind die Rockkonzerte mit großer Tradition in Tambach zur festen Einrichtung geworden und finden jährlich als »Tambacher Sommer« im Schlosshof statt.

Neben allen Ambitionen, das Leben auf dem Schloss durch moderne Elemente zu verjüngen, schätzt Annette zu Ortenburg die Tradition dieses Ortes, die sie allerdings nicht unverändert fortführen möchte. Ihrer Meinung nach kann »Tradition nur gelebte Tradition bleiben, wenn sie auch verändert und entsprechend der Zeit, in der man lebt, weiterentwickelt und angepasst werden darf.«

So richtete sie vor sieben Jahren zum ersten Mal einen Weihnachtsmarkt unter anderem in der Beletage, im zweiten Stockwerk des Schlosses, aus. In diesem Stockwerk ist alles noch beim Alten geblieben. Antiquitäten und Ahnenbilder schmücken die Räume, und in den Vitrinen findet man kostbares Porzellan aus vergangenen Tagen. Selten, nur drei- bis viermal im Jahr, werden diese Säle für private Anlässe genutzt. Und nun sollte hier am zweiten Adventswochenende im Jahr ein Weihnachtsmarkt mit Leben und Treiben und vielen Fremden im Haus stattfinden? »Anfangs hatte ich mit Widerständen in der Familie zu kämpfen.« Doch der Erfolg der Veranstaltung gab ihr recht. Die Besucher strömten ins Haus, das sie erstmals auf diese Weise kennenlernen konnten, und begriffen dabei auch, welche Dimensionen dieses Schloss hat. Ganz nebenbei wurde dadurch auch das Verständnis der Besucher für das nicht immer einfache Leben der Schlossbewohner und die damit verbundenen Schwierigkeiten des Unterhalts eines solchen Gebäudes geweckt. Damit war ein wichtiges Ziel von Annette zu Ortenburg erreicht: »Ich wollte gerne das Image einer als abgeschottet und finanziell sorgenfrei lebenden Familie verändern beziehungsweise zeigen, dass dem gar nicht so ist.« Diese, an solchen Tagen teilweise auch persönlichen, Begegnungen ermögli-

OBEN: Blick in den Treppensalon
RECHTS: Die Kirche im Louis-Quinze-Stil des Bamberger Hofbaumeisters Lorenz Fink ist eine kunsthistorische Kostbarkeit

chen das Verständnis für die immense Aufgabe und die Verpflichtung, die der Erhalt eines solchen historischen Gebäudes bedeutet.

Seit 1804 bewohnen die Grafen zu Ortenburg das bis 1694 erbaute ehemalige Sommerschloss der Äbte des Klosters Langheim. Die Ortenburgs kamen ursprünglich aus Ortenburg in Niederbayern und waren wie die Grafschaft reichsunmittelbar. Nachdem Graf Joachim zu Ortenburg mit seinen Untertanen 1563 zum Protestantismus übergetreten war, bildeten sie eine kleine protestantische Insel inmitten des Herrschaftsgebietes der katholischen Wittelsbacher. Die Folge war, dass es immer wieder zu Streit und Ärgernissen kam. Nach der Säkularisation machte das bayerische Herrscherhaus das Angebot, die Grafschaft Ortenburg bei Wahrung und Übertragung der

bestehenden reichsgräflichen Privilegien gegen einen ehemaligen kirchlichen, an Bayern gefallenen Besitz in Franken einzutauschen, und die Ortenburgs zogen nach Tambach.

»Die Ironie des Schicksals ist, dass mein Schwiegervater in den Fünfzigerjahren des letzten Jahrhunderts wieder zum Katholizismus konvertierte, sodass heute der Hauptstamm der Ortenburgs katholisch ist, während der Nebenstamm unter seinem Bruder protestantisch blieb.« Der Besucher erlebt zu seinem größten Erstaunen, wie die Glocken der hauseigenen Kapelle mit ihrem Mittagsgeläut diese Worte begleiten, als wollten sie das Gesagte unterstreichen oder kommentieren. Nach einer kurzen Pause folgt dann die Kirchenglocke des anliegenden Orts.

Wandteppich mit de
Ortenburg'schen Familienwappe
in der Eingangshal

Gerne hätte Annette zu Ortenburg auch in der Beletage die Moderne einziehen lassen, doch hier stehen Tradition und viele Ahnenbilder im Vordergrund und haben ihren notwendigen Platz. »Wichtig für mich ist, dass das 21. Jahrhundert in den von uns ständig bewohnten Räumen einen Platz findet. Dabei darf aber die Geschichte des Gebäudes und der Familie nicht abgeschnitten oder gar aufgegeben werden.«

Ganz anders die Wirkung in der komplett renovierten und umgestalteten rot-weißen Küche mit Kreuzgratgewölbe – hier funktioniert die Verbindung von Tradition und modernen Elementen wieder bestens und ganz im Sinne von Annette zu Ortenburg. Auf dem Küchentisch liegen die gerade eingetroffenen, von ihr mitgestalteten Weihnachtskugeln. »Die Kugel ist ein sehr traditionelles Element, und wir haben uns überlegt, einen Baum auf dem Weihnachtsmarkt einmal anders zu gestalten.« Gemeinsam mit einem Hersteller entwickelte sie das weiß-rote Design. Dass ihr Weihnachtsmarkt anders als der vieler Anbieter ist, erstaunt da kaum noch. Mit der Coburger Fachhochschule, und dort mit dem Fachbereich Licht und Design, lässt Annette den Schlosshof und den Brunnen jedes Jahr neu gestalten und erzielt überraschende und ungewohnte Ergebnisse. Ein Jahr Planung erfordert die Organisation eines solchen Weihnachtsmarktes. Aber es lohnt sich: »Inzwischen steht die Bevölkerung und die Familie hinter mir. Die Menschen haben die Ausmaße des Hauses bei der Begehung erlebt«, sagt Annette zu Ortenburg, »und verstehen, welche große Aufgabe der Erhalt des Schlosses bedeutet. Und alle genießen den besonderen weihnachtlichen Zauber, den ein dekoriertes Barockschloss in diesen Tagen verströmt.«

In einer Eingangshalle fällt der Blick des Besuchers auf das Familienwappen in einem Wandteppich, der an einer in dunklem Waldgrün gestrichenen Wand angebracht ist. »Ich mochte die alte, kalte, wenig einladende blaugraue Farbe im Eingangsbereich des Schlosses nie«, sagt Annette zu Ortenburg. Als ihr Mann eines Tages verreist war, habe sie die beiden flankierenden Wände in starkem Pink anstreichen lassen. »Mein Mann war eher schockiert, und als ich die Gegenwände noch waldgrün anstreichen ließ, war er ernsthaft böse.« Doch Freunde und Teile der Familie besänftigen den anfänglich aufgebrachten Ehemann, der sich manchmal an den Farbgeschmack seiner Ehefrau erst gewöhnen muss. So viel zur Frage von Tradition und Moderne in einem Haus.

Leonie Freifrau von Eyb
Schloss Rammersdorf

Als Leonie Horneffer das Wappen derer von Eyb über dem Eingangstor von Schloss Rammersdorf 2004 das erste Mal erblickte, fiel ihr gleich der seltsame Ring auf, der dort den schlanken Hals eines stolzen Pfaus ziert. Damals lebte und arbeitete die Goldschmiedemeisterin in München und hatte gerade erst ihren späteren Mann Markus kennengelernt. Auf dessen Einladung hin besuchte sie den Familiensitz bei Ansbach und erfuhr einiges über die Geschichte. »Bis zum Jahre 1352 bestand das Wappen der Herren von Eyb aus einem Pfauenhals auf Helm und Schild. Als Ludwig II. von Eyb 1341 ins gelobte Land pilgerte, erhielt er nach seiner Rückkehr vom Kaiser Karl IV. die Erlaubnis, für sich und seine Nachkommen ein neues Wappen zu führen. Drei rote Muscheln, weil er nach Palästina gezogen war, auf dem Helm eine goldene Krone, weil er des Kaisers treuer Diener war, und auf der Krone ein Pfau als Symbol der Auferstehung, mit Schwanenflügeln als Zeichen für Schönheit und Anmut.« Als besondere Zugabe hatte die Kaiserin, deren Hofmeister er war, ihm bei dieser Gelegenheit einen Ring mit einem Türkis geschenkt und ihm bedeutet, dass der Pfau auf der Krone den Ring zum steten Andenken um den

Hals tragen solle. Und ebensolche Ringe sind es, die mit Leonie Freifrau von Eyb nun wieder zu einem festen Bestandteil des Lebens im Schloss werden sollten. Die Goldschmiedemeisterin hat sich hier 2006 selbstständig gemacht und eine eigene Werkstatt eingerichtet. Sie schätzt diesen wunderschönen und inspirierenden Raum als Ausgleich zu den umfangreichen Pflichten, die sie als junge Schlossherrin auch erfüllen muss. Das Arbeiten ohne Kollegen in der Werkstatt sowie das Leben auf Schloss Rammersdorf bedeuteten insgesamt eine große Umstellung für sie. Auch wenn das Leben auf dem Land der aus Hannover stammenden Tochter eines Richters am Oberlandesgericht und einer Adeligen aus einer Offiziersfamilie nicht fremd war. »Viele Freunde und einige Verwandte hatten und haben noch große Güter«, sagt sie, doch wäre es ihr nie in den Sinn gekommen, selber einmal auf einem solchen zu leben.

Als dritte von vier Schwestern galt ihre Liebe schon bald der Kunst, und doch entschied sie sich nach einer guten Abiturprüfung gegen ein akademisches Studium. »Vielleicht wollte ich mich ein wenig von den anderen drei Schwestern absetzen«, überlegt sie, »auch wenn meine Eltern befürchteten, der von mir angestrebte Beruf wäre eher brotlos und wenig zukunftsträchtig.« Sie setzte sich durch und begann ihre Ausbildung an der anerkannten Zeichenakademie Hanau, bevor sie von 1994 bis 1997 nach New York ging. »Das war eine aufregende Zeit.« Mit nur 23 Jahren habe sie schon

Geld verdient. In einem Alter, als ihre Freunde in Deutschland zwar mehr feierten als sie, allerdings auch noch mitten im Studium steckten und noch lange nicht ihre finanziellen Freiheiten genossen. Aber wie gelingt es einer jungen Deutschen, sich so schnell alleine in New York zu etablieren? »Ich lebte damals mit einer Freundin bei einem älteren deutschen Herrn, der mit seiner Familie 1938 aus Deutschland, aus Hamburg, emigrieren musste. Da er kinderlos blieb, begann er in den Sechzigerjahren, junge Deutsche zu sich einzuladen, um ihnen sein geliebtes New York zu zeigen. Daraus wurde eine langjährige Tradition, und ich hatte das Glück, mit meiner Freundin

RECHTS: Allianzwappen Johanna Schertlin v. Burtenbach und Albrecht Ludwig Eyb
UNTEN: Blick in den Saal

sechs Monate bei ihm zu wohnen.« Sie begleiteten ihn in Konzerte, wechselten sich ab beim Zubereiten des Abendessens, studierten die Kurse seiner Aktien und, »wenn eine wieder stieg, wurde gefeiert. Entweder mit einem tollen Abendessen, einer Limousinen-Fahrt oder einer Reise«. Leonie wollte aber hauptsächlich beruflich vorankommen. »Ich nahm meine Mappe und machte mich einfach auf den Weg, um mich vorzustellen.« Die handwerkliche Ausbildung in Deutschland war hilfreich bei ihrer Bewerbungstour ebenso wie ihre guten Zeichnungen. Trotzdem war es mutig, in dieser fremden Stadt so einfach loszuziehen und die Klinken zu putzen. Doch ihr Mut wurde belohnt, und sie fand einen Arbeitsplatz bei einem renommierten Juwelier an der Madison Avenue. Zusätzlich unterrichtete sie einmal in der Woche am Jewelry Arts Institute. »Dann lief mein Visum ab, und ich musste zurück. Auch haben mir meine deutsche Heimat, die Familie und die Freunde sehr gefehlt. Und ich wollte unbedingt meine Meisterprüfung in Deutschland ablegen.« Es folgte ein Aufenthalt in Berlin, bevor sie schließlich im Jahr 2000 in München ihre Meisterprüfung bestand. Über Heirat hat sie in dieser Zeit nie wirklich ernsthaft nachgedacht. »Wenn überhaupt, sah ich mich eher in Honolulu als in Deutschland und schon gar nicht auf dem Land.«

Doch Markus veränderte ihr Leben. »Wir haben uns auf einem Ball kennengelernt, und anfangs hatte keiner von uns beiden die Idee, ein gemeinsames Leben zu führen.« Und doch stand bald fest, dass die beiden zusammengehörten. Es kam zum ersten Besuch in Rammersdorf, das Markus ihr auch mit seinen vielen Schattenseiten präsentierte. Die Mutter wäre freundlich gewesen, habe Spargel gekocht und die Freundin ihres Sohnes im Gartenzimmer einquartiert. »Mir imponierte dieses Palais mit seinem südländischen Charme!« Nach einem Jahr hat Markus sie gebeten, mit ihm in seinem Schloss zu wohnen. »Ich wollte auf keinen Fall als unverheiratete Freundin des Sohnes mit der Mutter zusammenleben.« So heirateten die beiden früher als geplant schon 2005, und dem Umzug nach Rammersdorf stand nichts mehr im Wege. Wie in dieser Familie üblich, zog das junge Ehepaar erst einmal in das Erdgeschoss des Hauses, dessen Beletage die Schwiegermutter bewohnte. »Früher, und Markus hat das noch erfahren, lebten hier sogar vier Generationen zusammen«, erzählt Leonie und berichtet schmunzelnd über einige Schwierigkeiten aus vergangenen Tagen. Der Großvater liebte Rotwein und ein schönes Stück Wild – er war auch ein Genießer. Die Großmutter hingegen ernährte sich hauptsächlich von Haferflocken, Gemüsesuppe und Roter Bete und hegte ein großes Misstrauen gegenüber jeglicher technischer Erneuerung. Außerdem glaubte sie fest an die Macht der Esoterik. Jeder Einkauf wurde untersucht und wenn nötig durch Pendel oder Pyramide von unerwünschten Energien gereinigt. »Was heute ein wenig bizarr und vielleicht einfach exzentrisch-lustig anmutet, war sicher für Markus' Mutter nicht einfach zu ertragen.« Als die Großeltern gestorben und die Urgroßmutter mit hundert Jahren zu ihrem Enkel gezogen war, habe die Mutter die erste Etage bezogen, bis Markus selber mit Leonie eine eigene Familie gründete. »Die Kinder Antonie und Dominik kamen 2007 und 2010 auf die Welt und brachten noch einmal eine große Veränderung.« Auch München habe seine Anziehungskraft etwas verloren. »Ich habe mich neu orientiert«, sagt sie, »und tausche mich jetzt am liebsten mit Menschen aus, die in einer ähnlichen Situation leben wie ich.«

Demnächst steht eine große Sanierung des Dachstuhls an, die eine siebenstellige Summe verschlingen wird. Und diese Last ist längst nicht die einzige. Mit dem Auszug der Schwiegermutter standen die oberen Räume zur Verfügung. Doch bevor die junge Familie umziehen kann, müssen diese von Grund auf renoviert werden. »Ich hoffe nur, dass wir bis zur Geburt unseres zweiten Kindes damit fertig sind«, seufzt Leonie, lacht aber gleich wieder und erinnert sich an die ersten Schwierigkeiten nach ihrem Umzug. »Meine Schwiegermutter war gelernte Hauswirtschafterin und ich nur Gelegenheitsköchin.« Doch es gelang ihr, mit Kreativität meisterhaft jede Jagdgesellschaft zu begeistern, auch wenn ihre Saucen nicht immer die von der Schwiegermutter gewohnte Raffinesse aufwiesen. Und noch eine entscheidende Schwierigkeit machte ihr zu schaffen. »An die fränkische Sprache musste ich mich lange gewöhnen. Ich dachte zuerst wirklich, die Menschen machten sich über mich lustig, und alle anderen dachten, ich sei arrogant und hochnäsig!« Ein großes Missverständnis, denn – »ich verstand einfach kein Wort«. Lediglich in der ehemaligen Haushälterin habe sie von Anfang an eine Verbündete gefunden. »Sie stand zu mir und vertraute mir. Das gab mir Kraft und Zuversicht.« Doch die Anfangsschwierigkeiten gehören längst der Vergangenheit an. In der ihr eigenen Art trifft sie Entscheidungen und übernimmt Verantwortung. »In Rammersdorf muss man flexibel sein«, sagt sie zu ihrer Rolle als Schlossherrin. »Ich bin zur Gleichberechtigung erzogen, und so sehe ich alle Dinge, die Markus tut, auch als etwas an, das mich angeht.« Und doch hat jeder seine eigenen Bereiche. »Der Unterhalt des Betriebes ist seine Angelegenheit«, sagt Leonie. »Ich hingegen beteilige mich an den Kosten der Familie, finanziere den einen oder anderen Urlaub und frage nicht lange, wenn Ausgaben anstehen. Das kann ich allerdings erst seit meiner Goldschmiedetätigkeit durch die immer umfangreicheren Aufträge.«

Und sie steht ihm als Partnerin in allen neuen Planungen zur Seite. »Im Juni dieses Jahres haben wir einen Ruheforst für Urnenbestattungen eröffnet und stoßen damit auf großes Interesse. Während die Pflege des Waldes und die damit verbundenen Arbeiten eher Markus' Revier sind, stehe ich Interessenten zur Verfügung und berate sie gern.« Das vielschichtige Leben auf Schloss Rammersdorf füllt die junge Mutter gänzlich aus. Als größten Luxus empfindet sie die Zeit, die die Kinder mit beiden Eltern erleben. »Ich freue mich, dass der Vater genauso in die Erziehung der Kinder involviert ist wie ich«, sagt sie. »Und als weiteren Luxus empfinde ich die Ruhe in meinem Atelier.« Hier entstehen nach eigenen Entwürfen und kunstvollen Zeichnungen ebenso individuelle Auftragsarbeiten wie auch der eine oder andere Traum. Vielleicht auch einmal ein eigener Ring, wie der, der im Familienwappen bis heute den schlanken Pfauenhals ziert.

Forellenteiche

Jeannette Gräfin Beissel von Gymnich
Burg Satzvey

Was mag eine Amerikanerin empfinden, die einen Adeligen in Deutschland heiratet und auf seine romantische Burg zieht, um dort wie im Märchen bis an das Ende ihrer Tage zu leben? Wer dies fragt, kennt nur das Klischee. Der Traum von einem Leben als Märchenprinzessin auf dem Schloss existiert in der Realität nämlich ebenso wenig, wie Cowboyboots auf eine Herkunft zwischen Cattle Roundup und Rodeo verweisen.

Jeannette Gräfin Beissel von Gymnich verbrachte ihre Kinder- und Jugendjahre als Tochter eines Diplomaten in Europa und Südamerika. Es folgte ein Studium in den USA und in Frankreich, bevor die ausgebildete Werbefachfrau für internationale Kunden tätig wurde. Dabei war sicher hilfreich, dass sie schon früh gelernt hatte, sich auf ganz unterschiedliche Kulturen einzustellen. Und diese Fähigkeit war es dann auch, die ihr das spätere Leben auf der mittelalterlichen Burg Satzvey erheblich erleichtern sollte.

Die erste Begegnung mit der Burg war aber noch ganz märchenhaft: Die ehemalige Zugbrücke, die Türmchen, der Weiher mit den Schwänen, all dies erinnerte an eine Gutenachtgeschichte, die der Vater einst für seine kleine Tochter erfunden hatte und ihr viele Abende erzählte. Und diese Geschichte – so erschien es zumindest auf den ersten Blick – sollte nun mit dem Betreten des Märchenschlosses wahr werden. Doch bald wurde klar: Die Realität hatte mit der Traumwelt der Gutenachtgeschichte keinerlei Ähnlichkeit. Aus der Ferne betrachtet, sind die Bewohner um ihr Leben auf diesem romantischen Anwesen, um das herrschaftliche Haus, um den Anschein von Luxus und Reichtum zu beneiden. Blickt man jedoch hinter die Kulissen, ist schnell zu erkennen, dass der Erhalt der historischen Gebäude eine nicht nur finanziell große Herausforderung bedeutet.

Die Burg Satvey wurde erstmals im Jahr 1368 in einer Urkunde erwähnt, in der der Erzbischof von Köln als Lehensherr einem Otto von Vey das Amt als Vogt des Gutshofes zu Satzvey bestätigte. Von Otto ging das Vogtamt an seinen Sohn Reinhard und danach an dessen Schwiegersohn Heinrich von Krauthausen. Dieser errichtete 1396 die Burg Satzvey auf einer Insel inmitten eines großen, vom Veybach durchflossenen Weihers. Es folgte eine bewegte Geschichte, in deren Verlauf die Burg in verschiedene

Hände gelangte. Ende des 16. Jahrhunderts erbte die Familie Spies von Büllesheim die Burg, die 1577 bis 1581 von den Truppen des Herzogs von Jülich besetzt wurde.

Friedrich Wilhelm Spies von Büllesheim blieb nichts anderes übrig, als sowohl dem Erzbischof von Köln wie auch dem Herzog von Jülich den Treueeid zur schwören. 1747 verkaufte schließlich sein Nachfahre Johann Franz die Burg für 39.000 Reichstaler an die Familie derer von und zu Gymnich. Als mit dem Tode von Johanna Maria das Geschlecht 1825 ausstarb, erbte ihr Patenkind, Max Felix Reichsgraf Wolff Metternich zur Gracht, die Gymnicher Besitzungen. Sein Sohn Dietrich, seit 1878 Herr auf Satzvey, erweiterte mit viel Stilgefühl die Burg, die so ihr heutiges Aussehen erhielt. Durch die Eheschließung seiner Enkelin Adeline mit Franz Josef Graf Beissel von Gymnich im Jahre 1944 kam die Burg an die Familie des heutigen Besitzers Franz Josef, der sie seit 1981 durch Ritterspiele und andere Veranstaltungen über die Landesgrenzen hinaus bekannt machte.

Doch die Veranstaltungen bilden nur einen kleinen Teil der umfangreichen Bemühungen um den Erhalt von Burg Satzvey. 1,2 Hektar Dach wollen nach jedem strengen Winter ausgebessert werden, wobei eine komplette Dachsanierung in Schiefer demnächst ansteht. Marode Elektroleitungen müssen ausgetauscht und über hundert Fenster regelmäßig gestrichen und zum Teil nach den vom deutschen Denkmalschutz festgelegten Vorschriften erneuert werden. Die Wasserleitungen aus den Fünfzigerjahren des letzten Jahrhunderts bergen unbekannte Gefahren, und die Heizkosten sind ein nie enden wollendes Thema. Ständig wird an einer Stelle oder an mehreren renoviert und restauriert. Das verschlingt Unmengen an Energie, Zeit und finanziellen Ressourcen. Zukünftige Generationen werden viel Kraft, Idealismus und Mut in den Erhalt des Anwesens und damit der Familientradition investieren müssen.

So entsteht ein ganz anderes Bild vom Leben auf einer Burg als das, welches in den herkömmlichen Medien gezeichnet wird. Professionelles Können auf vielen Gebieten ist gefragt. Hier muss man sowohl Bauherr, Unternehmer, Veranstalter als auch in der Öffentlichkeitsarbeit erfahren sein. »Wir haben uns nicht entmutigen lassen, wenn die einen oder anderen unsere anfänglichen Ritterspiele belächelten. Der heutige Erfolg ist doch der beste Beweis dafür, dass sich unsere Beharrlichkeit gelohnt hat.« Die einst verträumte Wasserburg mit ihren Zinnen und Türmchen ist beliebtes Ziel für viele Besucher von Ostern bis Weihnachten.

Für die spätere Schlossherrin ist es aber auch trotz dieser realen Herausforderungen des Arbeitsalltags ihr erster Eindruck vom späteren Zuhause, der unvergessen bleiben wird. Hell leuchtete der Vollmond und spiegelte sich im ruhigen Wasser des Weihers.

VORHERIGE DOPPELSEITE UNTEN:
Historischer Türbeschlag aus
Messing der Firma Tummescheit
OBEN LINKS: Gräfin Beissel von
Gymnich auf den Ritterfestspielen
in Satzvey
OBEN RECHTS: Gräfin Beissel
von Gymnich in einer Theaterku-
lisse trägt Maria Lucas

Durch Nebelschleier schaukelten venezianische Gondeln. Leise sang ein Chor italieni-
sche Renaissance-Madrigale. Eine wildromantische Inszenierung als Abendprogramm
für über tausend Gäste. Doch diese theatralische Szene blieb nicht das einzige Schlüssel-
erlebnis: »Am nächsten Morgen wurde ich vom Tucktuck eines Motors geweckt. Ich
ging zum Fenster und blickte in den Park.« Obwohl das vorabendliche Fest bis spät in
die Nacht angedauert hatte, waren fleißige Helfer bereits zu früher Morgenstunde
mit den ersten Vorbereitungen für die anstehenden Ritterspiele beschäftigt. »An einem
gestreiften Rundzelt graste friedlich angepflockt ein Schimmel, während im Lager
nebenan ein Schmied die letzten Schwerter fertigte. Und mitten in dieses idyllische Bild
hinein tuckerte mein späterer Mann auf einem Traktor und leerte die Mülltonnen.«
Später sollte sich bestätigen, dass dieses widersprüchliche Bild für das Leben auf der

Burg durchaus exemplarisch sein sollte. Von außen gesehen weckt Burg Satzvey Fantasien und Träume. Und diese werden auch bewusst für die Vermarktung der Burg eingesetzt, ohne dass der Blick für die historische Vergangenheit verloren geht. »Mich reizten immer die Menschen, deren Wünsche und Bedürfnisse. Heute setze ich mich wie zu Zeiten meiner Beratertätigkeit mit den Fragen auseinander: Was interessiert den Menschen, welche Sehnsüchte hat er, wie kann ich diese erfüllen, ohne den Blick für die historische Vergangenheit und die Wahrheit zu verlieren?« Eine nachhaltige, vorsichtige Vermarktung ist das Ziel der vielen Aktivitäten auf Satzvey. Das funktioniert vor allem deshalb glaubhaft, weil die Burgherren und deren Familie selber hier wohnen und

RECHTS: Historische Ansicht der mittelalterlichen Burg Satzvey
UNTEN: Wappensaal

bereit sind, ihr Zuhause mit anderen zu teilen. Dieses arbeitsintensive Leben wäre ohne ein sehr loyales und flexibles Team nicht möglich. Außer den engsten Mitarbeitern im Büro gehören viele weitere Spezialisten zur erweiterten Familie: Kaskadeure und Stuntleute, Regisseure und Schauspieler, Musikanten und Gaukler, Texter, Marketing- und Werbespezialisten. Gemeinsam wird jedes Jahr ein neues Unterhaltungskonzept entwickelt. Und sollten die Ideen für Projekte je ausgehen, so findet sich eine weitere Inspirationsquelle im Speicher. Zwischen Kostümlager und Requisitenfundus stehen dort uralte lederne Koffer mit unerforschtem Inhalt. »Wer weiß? Vielleicht verbirgt sich darin ein Geheimnis, eine vergessene Briefsammlung oder eine andere unvermutete Überraschung, die irgendwie darauf wartet, genutzt zu werden.« Die Quellen für kreative Ideen scheinen auf Burg Satzvey nie zu versiegen. »Erhaltung durch Unterhaltung« ist das Motto der Burg, die in Deutschland bei der Ausrichtung historischer Festspiele eine Vorreiterrolle spielt.

Teil des persönlichen Einsatzes der Familie ist auch die dauernde Präsenz in den Medien. Dass so das Privatleben beeinträchtigt wird, nimmt hier jeder in Kauf. Im Gegenteil, die Familie freut sich über Anregungen und betrachtet den Austausch als Bereicherung. Genutzt werden Medienkontakte auch zur Kommunikation einer weiteren nicht kommerziellen Herzensangelegenheit, die ebenfalls eine lange Familientradition fortführt. »In vielen adeligen Familien fühlte man sich früher verpflichtet, sich um kranke und einsame Menschen in der eigenen Umgebung zu kümmern. Die Jeannette Gräfin Beissel von Gymnich-Stiftung richtet familienanaloge Wohngruppen für misshandelte und verwahrloste Kinder in Deutschland ein und begleitet einzelne Schicksale.« Zum Kuratorium der Stiftung zählen auch die eigenen Kinder. So wird Familientradition weitergegeben und mit neuem Leben und Ideenreichtum erfüllt.

Antje Gräfin zu Rantzau
Gut Pronstorf

Es war vollkommen dunkel, und es regnete in Strömen.« Die Erinnerungen von Antje Gräfin zu Rantzau an ihren ersten Besuch auf Gut Pronstorf sind nicht gut. »Am Ende der Einfahrt brannte über der Eingangstür des Herrenhauses eine kleine funzelige Leuchte. Und die dunklen Fensterscheiben wirkten leer und abweisend. Ich fand noch nicht einmal die Klingel«, erzählt sie heute mit einem Lachen. Aus lauter Verzweiflung sei sie zurück ins Dorf gefahren und habe von der einzigen Telefonzelle aus angerufen.

Kennengelernt hatten sich die damals 27-Jährige und Hans-Caspar Graf zu Rantzau auf dem Knospenfest in Oldenburg – beide waren eigentlich eher zufällig dort.

»Du hast einen tollen Tischherrn«, flüsterte man Antje zu. Und als sie ihn dann sah, wusste sie, das wird ein lustiger Abend. Bald fand sich ein gemeinsames Thema, denn die diplomierte Agraringenieurin und der Gutsherr liebten beide das Landleben und die Landwirtschaft.

Schon vor 4000 Jahren haben Menschen hier am südwestlichen Rand der Holsteinischen Schweiz das Land bewirtschaftet, habe ihr damals Caspar Graf zu Rantzau bei ihrem ersten Date an jenem dunklen und verregneten Abend erzählt. Das idyllische Örtchen Pronstorf zählt um die hundert Seelen und wird fast vollständig vom Pronstorfer Gut mit seinem alten Torhaus und dem Wirtschaftshof eingerahmt. Das aus dem Jahr 1728 stammende Herrenhaus zählt zu den schönsten Barockbauten in Norddeutschland. Bis zum Ende des 18. Jahrhunderts war es im Besitz der Familie von Buchwaldt, bevor der Urgroßvater die Erbtochter Adelheid heiratete. Wer hierherkommt, atmet Geschichte und erlebt Ruhe. Wie in einem Bilderbuch schlängeln sich die Wege durch blühende Rapsfelder zum Wardersee. Und die spätromanische Vicelin-Feldsteinkirche, erstmals im Jahr 1198 erwähnt, steht unverrückbar wie ein Zeichen der Unvergänglichkeit und Beständigkeit der Region. Diese unvergleichliche Landschaft und natürlich der Charme ihres Tischherrn scheinen Antje damals überzeugt zu haben, und bald nach ihrem ersten abendlichen Besuch beschlossen die beiden zu heiraten.

Anfangs lebte sie noch in Kiel, wo sie bei der Investitionsbank »Energieagentur« arbeitete. »Eine große Herausforderung war das damals«, erinnert sie. »Ich kümmerte mich um die energetische Nutzung von Biomasse, was noch lange nicht so akzeptiert war wie heute.« Und nach ihrer Heirat blieb sie halbtags bei der Bank beschäftigt, um ein eigenes Auskommen zu haben. »Das war utopisch«, sagt sie heute. Denn bald zeigte sich, dass sie ihre Kraft und Ideen besser für den eigenen Betrieb einsetzen konnte. Als die Gutssekretärin krank wurde, sprang sie ein und übernahm bald die Buchführung. Zu dieser Zeit lebten die Rantzaus vom Ackerbau mit Mastschweinehaltung, dem Forst und der bescheidenen Vermietung alter Wohnungen. Über allen Häusern lag der eigene Geruch der Schweine, manchmal vermischt mit dem übelriechenden Duft von Hühnermist, der als wertvoller Dünger hier eingesetzt wurde. »Ich bin froh, dass ich mich dazu entschlossen habe, meine Arbeit in Kiel aufzugeben«, sagt sie. »Es ist wichtig, dass man sich einbringt, denn nur dann schlägt man Wurzeln, kennt jeden und

Herrenhaus Gut Pronstorf

LINKS: Blick in die Kornblumenstube
RECHTS: Gräfin zu Rantzau bereitet die Eröffnung des Gästehauses im Torhaus vor

fühlt sich heimisch und wohl.« Dass ihr das gelungen ist, merkt man. Ihre kreative Energie hat viel dazu beigetragen, dass Gut Pronstorf wieder so erstrahlt wie in früheren Zeiten.

Als sie begann, sich ganz dem Gut zu widmen, mussten wichtige Entscheidungen getroffen werden: Sollte der Ausbau der Schweinemast mit umfänglicher Modernisierung betrieben werden, oder wollte man sich auf neue Ideen zur Nutzung der Gebäude und damit Schaffung neuer Einnahmequellen konzentrieren? Sie war diejenige, die als Erste die neuen Chancen erkannte. Als Caspar den alten Kuhstall abreißen wollte, an dessen Mauerwerk jede Menge hässlicher Anbauten hafteten, erahnte sie die Schönheit dieses alten Gebäudes bereits. Ausschlaggebend war der Besuch der Organisatoren des Schleswig-Holstein Musik Festivals. »Sie kletterten über die Leiter in den ersten Stock des Gebäudes. Die Fenster waren zugemauert, und muffiges altes Stroh lag auf dem Boden«, erinnert Antje. Kaum zu glauben, wenn man den Bau heute sieht. Helle Holzdielen und das alte freigelegte Dachgebälk verleihen dem Raum eine einzigartige Atmosphäre. »Glücklicherweise ließ sich Caspar überzeugen, in das Gebäude zu investieren«, berichtet sie mit ein wenig Stolz in der Stimme. Seit über zehn Jahren werden hier regelmäßig im Rahmen des Festivals Konzerte gegeben, und sowohl Künstler wie auch Besucher genießen die unvergleichliche Akustik. Doch war dies nicht die einzige Maßnahme, die Antje mit ihrem Mann auf Gut Pronstorf plante und durchführte. 2009 glich das Gut einer Großbaustelle. Vier Scheunen wurden abgerissen und Asphalt und Beton auf 3000 Quadratmetern gefräst und gebrochen. Tausend Quadratmeter neue Wege wurden mit Feldsteinen gepflastert, 3500 Quadratmeter Grünfläche wurden zusätzlich geschaffen und vierzig Linden gepflanzt. Mit der alten Haferscheune, dem Kutschstall, dem Kavalierhaus und dem barocken Herrenhaus zeigt sich die Gutsanlage heute wieder in ihrer ursprünglich großzügigen Schönheit. Die Wiederherstellung des alten Torhauses ist zurzeit die letzte Baumaßnahme. Glücklicherweise waren die alten Pläne noch vorhanden und dienten als Vorlage, sodass der ursprüngliche Torbogen und die historischen Dachgauben rekonstruiert werden konnten. Das Torhaus gilt damit als größtes seiner Art in Schleswig-Holstein. Dass aber hier am kommenden Tag ein Hotel eröffnet werden soll, verwundert den Besucher dann doch. Noch wird überall gehämmert und gezimmert. Das alles scheint die Hausherrin nicht weiter zu beunruhigen. Beherzt greift sie sich eine Leiter, rafft die letzten Vorhänge zusammen und hängt sie im Frühstücksraum auf. Dann klingelt das Handy, und sie eilt weiter. Auch im privaten Refugium sind Spuren der letzten Vorbereitungen für den morgigen Tag zu sehen. Auf dem Esstisch mit der kirschroten Seidendecke sind Zeitungen ausgebreitet. Pinsel und Farbe liegen bereit, denn gleich wird die Hausherrin noch die letzten Schlüsselanhänger für die Hotelzimmer mit Zahlen versehen.

Hier wurden die ersten Renovierungsarbeiten durchgeführt, als das junge Ehepaar vom Herrenhaus ins daneben liegende Kavaliershaus umzog. Das Haus befand sich in einem unvorstellbaren Zustand, nachdem hier nach dem Krieg fünfzig Personen als Flüchtlinge gelebt hatten und seit dieser Zeit nichts mehr verändert worden war. Jetzt ist es ein helles, freundliches Haus mit offenem Kamin und farbenfroher Kunst an den Wänden. Hier und da liegen Puppen, und ein hölzernes Schaukelpferd steht mitten im Wohnzimmer. Es gehört Anna, der kleinen Tochter, die fröhlich den schwarzen Labrador durchs Haus jagt.

Wie findet diese umtriebige Frau zur Ruhe? Als Antwort auf diese Frage erzählt sie von einer Überraschung, die ihr Mann ihr vor Jahren schenkte. Ein gemeinsamer Freund zog nach Süddeutschland und gab sein Pferd und das Gespann auf. Kurzent-

LINKS: Das Kutscherhaus
RECHTS: Historische Kutsche beim jährlichen Traditions-Gespannfahren

schlossen habe Caspar zugegriffen und die Kutsche mit passendem Geschirr in Polen restaurieren lassen. »Bei gutem Wetter fahren wir mit der Kleinen in den Wald und genießen die Ruhe in dieser wunderbaren Landschaft.« Und diese Ruhe ist auch nötig, wenn man sieht, wie im Torhaus noch die Vorbereitungen der Hoteleröffnung im vollen Gange sind, während im Kutschstall morgen eine Hochzeit stattfindet. Antje prüft noch schnell die Blumendekoration und die gefalteten Servietten, bevor sie wieder ins Torhaus eilt. Hier ist jedes Zimmer anders und teilweise mit alten Möbeln eingerichtet, die man auf dem Speicher oder anderswo auf dem Gut fand. Sie wurden in der gutseigenen Schreinerei restauriert und mit bunten Stoffen individuell bezogen. So erhielt das gediegene Gebäude sein modernes Innenleben in einer gelungenen Verbindung des historischen Ambientes mit modernen Designideen.

Am Morgen weckt den Gast sanftes Getrappel von Pferdehufen, und aus dem Fenster fällt der Blick auf einen verträumten Teich, der von alten Bäumen umgeben ist. Vögel zwitschern, und der Tag scheint wie im Märchen zu beginnen. Eine gute Fee hat über Nacht alle Spuren der gestern noch so eifrigen Handwerker beseitigt. Doch das Leben hier auf Gut Pronstorf hat nichts mit einem Märchen zu tun, und die gute Fee ist die Hausherrin selbst. Hier werden handfeste Entscheidungen gefällt, Risiken abgewogen, Investitionen getätigt und die Vorbereitungen für eine neue Zukunft in alter Gutsmanier getroffen.

Sabine Freifrau von Süsskind
Schloss Dennenlohe

Alles fing im falschen Bett an, oder war es im Nachhinein doch das richtige? »Wir lernten uns auf einem Fest kennen«, erzählt Fanny Freifrau von Süsskind. »Ich hatte zusammen mit einer Freundin ein Hotelzimmer gebucht und freute mich auf den Abend.« Ein gemeinsamer Freund der beiden hatte kein Zimmer und fragte, ob er nicht bei ihnen nächtigen könne. Die jungen Frauen hatten nichts dagegen, und der Abend entwickelte sich prächtig. Auch Robert war dort und stellte, so behauptete er zumindest später, auf den ersten Blick fest: Diese Frau oder keine. »Als wir zu später Stunde in unser Zimmer kamen, bemerkten wir, dass sich unser Freund bereits breitgemacht hatte. Er schlief tief, schnarchte laut, und es war unmöglich, ihn auch nur einen Zentimeter zu bewegen. Zu dritt konnten wir aber auch nicht in diesem Bett schlafen.« Das merkte Robert und bot Fanny das zweite Bett in seinem Zimmer an. »Er schien sehr korrekt, war nicht betrunken, und so willigte ich ein«, lächelt sie. Die ganze Nacht über unterhielten sie sich über ihre Leben. Er erzählte viel von seinem Schloss und seinem Traum, dort irgendwann einen Park entstehen zu lassen. Nach der Verabschiedung am nächsten Morgen vergaßen sie jedoch, ihre Namen auszutauschen. Es vergingen Monate. Robert kannte nur einen der beiden Gastgeber, und dieser verreiste sofort nach der Party nach Südafrika, um dort ein halbes Jahr zu bleiben. Trotzdem vergaß Robert die faszinierende Begegnung nicht und erkundigte sich sofort nach der Rückkehr des Freundes nach dem Namen und der Telefonnummer seiner Traumfrau. »Es war unglaublich«, sagt Fanny. »Er hat alles getan, um mir zu imponieren, sich sogar bei meiner Mutter mit einem Blumenstrauß aus 16 verschiedenen Narzissen-Sorten vorgestellt.« Und die Mutter war hingerissen. Dann kam der erste Besuch in Schloss Dennenlohe. »Meine Eltern und ich brachten meine Großmutter zur Kur und kamen auf dem Rückweg hier vorbei.« Bei der Erinnerung an den ersten Eindruck schüttelt sie den Kopf. »Das Schloss war heruntergekommen, und alles befand sich in einem erbarmungswürdigen Zustand.« Robert widerspricht ihrer Darstellung allerdings energisch. Inzwischen sind sie schon über 16 Jahre verheiratet. »Doch!«, erwidert Fanny vehe-

OBEN: Freifrau von Süsskind bei Renovierungsarbeiten
RECHTS: Blick vom Esszimmer in den Park

ment. »Weshalb sonst renovieren wir ständig seit meinem Einzug?« Wenn man den beiden zuhört, wundert man sich bisweilen. »Wir pflegen eine gute Streitkultur«, lacht Fanny. Selten sind sie einer Meinung. Und doch ziehen beide an einem Strang, jeder mit eigenem Zuständigkeitsbereich. »Wobei ich eigentlich für alles zuständig bin«, sagt Fanny. Die Allrounderin lebte vor ihrer Ehe in München und betrieb dort eine eigene Werbeagentur. »Wir haben keineswegs gleich nach meinem ersten Besuch in Dennenlohe geheiratet.« Es vergingen zwei Jahre, in denen Robert sie hartnäckig umwarb. Ihr erschien der zehnjährige Altersunterschied zu groß und sie gab deshalb seinem Drängen nicht nach. Ratsuchend wandte sich der eingefleischte Junggeselle an einen Bekannten, der ihm riet: »Ändere deine Strategie!«. Und Robert machte sich rar. »Das hat mich wahnsinnig gemacht«, sagt sie. »Wie sollte ich die plötzliche Verweigerung mit meinem Selbstbewusstsein vereinbaren?« Sie stellte zwei Ultimaten, beide verstrichen. »Und dann hat er es doch noch geschafft.« Bei der Frage des Standesbeamten, ob er diese Frau heiraten wolle, kam Robert ins Straucheln: »Wenn es denn sein muss«, war seine Antwort – seitdem ein geflügeltes Wort im Bekanntenkreis. »Der Standesbeamte war so verwirrt, dass er ihm nicht einmal erlaubte, den eigenen Füller für die Unterschrift zu benutzen. Wahrscheinlich aus Angst, er hätte diesen mit verblas-

sender Tinte gefüllt! Die anfangs eher ungewöhnliche Beziehung hat sich inzwischen mehr als bewährt.

Dass der Park einmal eine Einnahmequelle für das Schloss sein würde, hätte allerdings anfangs keiner von beiden geglaubt. »Bei der ersten Begehung sah ich einige Hügel, ein Paar Bretter als Brückenersatz und keinen einzigen blühenden Rhododendron.« Zwar habe ihr Robert damals gesagt, sie solle sich überlegen, wie sie den Park mit ihm später anlegen wolle, doch daran war erst einmal gar nicht zu denken. Nach der Hochzeit begann für beide ein neues Leben. Zuerst pendelte Fanny noch zwischen München und dem zwei Stunden entfernten Schloss Dennenlohe. Das erwies sich bald als undurchführbar. Als Nächstes gründete sie mit einem Partner ein Unternehmen für Ärztesoftware. »Wir hatten hier dreißig Angestellte«, erzählt Fanny, »dann wollte der neu eingestellte Vorstand zurück nach München, und ich stieg aus, auch um mich Dennenlohe widmen zu können.« Dabei hatte sie nebenbei immer Gartentage, Hochzeiten und Veranstaltungen organisiert. Robert hingegen widmete sich ganz der Gartenplanung. »Ich empfand seine Arbeit als aufwendiges Hobby, das er allerdings mit großer Hingabe und Leidenschaft betrieb.« Das Hobby erwies sich bald als ansteckend. Jährlich kamen neue Gartenteile des mittlerweile als Botanischer Garten anerkannten Parks hinzu. »Ich bin die Strategin und denke geradeaus«, sagt Fanny. »So sind meine Wege eher gerade. Roberts Kreativität hingegen lässt sich oft nicht bändigen.« Aus Grünflächen wurden blühende Gärten, das Areal Hektar für Hektar vergrößert und die Flächen aus der Landwirtschaft entnommen. Nach englischem Vorbild entstand ein nicht streng geometrisch angelegter Park, sondern ein dem Schein nach natürlicher Garten, der dem Menschen eine erholsame und erbauliche Umgebung bieten sollte. »Unser größter Luxus ist die Tatsache, dass wir uns unsere Arbeit selbst einteilen können.« So fährt das Paar mit den 1997 geborenen Zwillingen jedes Jahr für mehrere Monate nach England, um dort seine Kenntnisse des Gartenbaus zu erweitern und mit den dortigen Fachleuten zusammenzuarbeiten. Die Kinder besuchen in dieser Zeit eine englische Schule, sodass auch sie viel hinzulernen. Dass Fannys Eltern meinen, sie wären nicht mehr normal, amüsiert sie eher: »Wer ist denn schon normal?« Was andere als Hektik empfinden – Freunde halten es maximal drei Tage in Dennenlohe aus –, sehen sie als das schnelle Erledigen von vielen Aufgaben. »Wir haben 2008 ein Gartennetzwerk initiiert«, erläutert Fanny

Blick auf die Hemerocallisbucht

Die Gong-Brücke

eines ihrer wichtigsten Projekte. »Gehören in Frankreich und England Gärten immer schon zur Kultur des Landes, wurde vergessen, dass die Deutschen zu Goethes Zeit schon die Landschaftsgestaltung als wichtiges Kulturgut erkannten.« Aus achtzig bayerischen Gärten hat sie mit ihrem Mann 32 ausgesucht und mit der »Marketing Agentur für Bayern« eine Karte herausgebracht. »Kein offizieller Touristikfachmann hat der Karte eine Chance gegeben.« Doch sie wurde ein Riesenerfolg. Bald folgten eine Internetseite mit eigenen Angeboten und die Nominierung für den Bayerischen Innovationspreis für neue touristische Angebotsgestaltung. »Ich brauche jedes Jahr ein neues Projekt«, erklärt Fanny bei einer Führung durch das Anwesen. Nach der Renovierung des barocken Gutshofs mit Ausbau von zwei Läden 2004 wurde im folgenden Jahr die Idee zum Gartenbuchpreis geboren und 2007 umgesetzt. Die Presse war begeistert, und die Verleihung des Buchpreises wird seitdem jährlich wiederholt. Aber Fanny Freifrau von Süsskind sieht sich neben all diesen öffentlichen Auftritten auch als Leiterin des Backoffice. »Bei mir läuft eben alles zusammen«, lacht sie und deutet auf den überquellenden Schreibtisch. »E-Mails beantworte ich gern mit meinem Notebook auf einer einsamen Bank am Weiher oder meistens leider nachts, wenn die Kinder im Bett sind.« Zu einem Rückzug an einen stillen Ort kommt es allerdings selten. Handwerker, Kunden, Küchenhilfen, Hauspersonal und unerwartete Besucher

OBEN: Der Persische Garten
RECHTS: Die Steinbrücke verbindet Birkeninsel mit Ginsterbucht und schließt den Japanischen Bachlauf ab
FOLGENDE DOPPELSEITE: Die Bambusinsel

geben sich bei ihr die Klinke in die Hand. »Robert hasst moderne Kommunikation und hat all seine Handys verloren«, erklärt sie. Er sei der Visionär und sei dankbar dafür, dass sie ihm den Rücken freihalten würde. »So habe ich mir Kenntnisse auf fast allen Gebieten, die zur Erhaltung des Schlosses gehören, angeeignet.« Sogar für das Pumpensystem und die Fäkalienzerkleinerungsanlage der neu angebrachten Toiletten im Park ist sie ein kompetenter Ansprechpartner geworden. »Ich bin Hausmeister, Gänsemutter, Entenpflegerin, budgetiere und entwerfe Menüs für hundert Gäste und plane das Marketing und die Pressearbeit für unseren Betrieb, um nur einige meiner Zuständigkeitsbereiche zu nennen.« Das Ergebnis ist Lohn für die viele Arbeit, denn Schloss Dennenlohe, 1734 mitsamt den zahlreichen Nebengebäuden errichtet, gilt als eines der schönsten Barockensembles in Bayern. Der das Schloss umgebende große Rhododendron-Park mit seinen vielen Inseln und Brücken wird seit 2004 kontinuierlich um einen inzwischen 26 Hektar großen Landschaftspark erweitert. Hier erlebt der Besucher überraschende Garteninszenierungen wie den Zen-Garten, den Persischen Garten mit seinen Wasserläufen, das barocke »Kalthaus« von 1750, den Englischen Lustgarten oder den bezaubernden Kirschgarten. In der Silvesternacht 2009 zerstörte ein Brand die kurz davor renovierten privaten Wohnräume der Familie, in denen sich schon Königin Louise von Preußen mit ihrer Freundin Fürstin Lucie Pückler zum Tee traf. »Wir feierten mit Freunden im Untergeschoss, als jemand die Flammen bemerkte«, sagt Fanny und nahm diese Tragödie als Anlass, die noch nicht renovierten Räume und Bäder neu zu gestalten. Ein langwieriges Unterfangen, das neun Monate in Anspruch nahm. Bei der Begehung des Hauses zeigt sie auf morsche Balken, die bei den neuesten Renovierungsarbeiten entdeckt wurden. Im Erdgeschoss hingegen konnten die kostbaren Wandmalereien von 1745 und 1848 gerettet werden. »Hier haben die Einbauten am meisten unter dem Ruß und dem Qualm gelitten«, sagt sie und hält inne vor dem Porträt einer schönen jungen Frau. »Ich heiße eigentlich Sabine. Dieses Haus ist in der achten Generation im Familienbesitz der Süsskinds. Fanny von Süsskind heiratete 1860 den Enkel von Konsul Plattner, der die erste Eisenbahn Nürnberg-Fürth initiierte.« Von ihr gab es noch einen silbernen Serviettenring, den Robert sehr liebte. Er schenkte ihn ihr und meinte, damit sie ihn richtig nutzen könne, würde er sie von nun an nur noch Fanny nennen. Der neue Name scheint symbolträchtig, denn mit dem Einzug in Dennenlohe hat sich das Leben der ehemaligen Diplomkauffrau Sabine komplett geändert. Doch eines blieb: der Hunger nach neuen Ideen und Projekten. Einen großen Traum hat Fanny, die bekannt dafür ist, Träume in die Realität umzusetzen, noch. »Irgendwann möchte ich einen Acryltunnel durch den See vor dem Schloss bauen, als Verbindung zwischen Park und Gutshof.« Voller Zuversicht blickt Fanny auf eine glasklare Zukunft mit Blumenduft, Wasserwegen und klug ausgetüftelten Marketingstrategien. Und wer sie einmal erlebt hat, ist fest überzeugt, dass ihr alles gelingen wird.

Ilka Freifrau von Boeselager
Burg Heimerzheim

Ilka Freifrau von Boeselager ist CDU-Politikerin und Unternehmerin. Außerdem ist sie seit dem 3. Oktober 2006 Herrin auf Burg Heimerzheim. Ganz bewusst habe sie den Tag der Deutschen Einheit für ihre Eheschließung gewählt, wird sie in den Medien zitiert. Und wirklich – dies ist ein passendes Datum für eine Bindung, die manche zunächst als ungewöhnlich ansahen.

Ilka von Boeselager ist dynamisch, selbstbewusst und voller Energie und geht ihren Weg ohne Zweifel und Umleitung. An diesem sonnigen Tag Ende November haben die mächtigen Eichen im Park ihre Blätter längst verloren, und ihr pinkfarbener Rock erinnert an eine letzte kraftvoll leuchtende Sommerblüte. Sehr passend für eine Frau wie sie, die voller Elan und Kraft ihre täglichen Aufgaben bewältigt. Im Hof dieser schönen rheinischen Wasserburg nahe Bonn berichtet die Hausherrin: »Die Burg besteht eigentlich aus Vorburg und Hauptburg, wobei jede für sich auf einer eigenen Insel ruht.« Gegründet wurde das Anwesen in der Mitte des 13. Jahrhunderts von den Herren von Heimerzheim, wechselte aber in den folgenden Jahrhunderten häufig den Besitzer und wurde schließlich im 18. Jahrhundert von der Familie des kurkölnischen Ministers Graf Caspar Anton von Belderbusch erworben. Durch die Heirat seiner Großnichte im Jahre 1825 geriet der Besitz Burg Heimerzheim in die Familie von Boeselager, die auch das anliegende ehemalige Kloster Schillingscapellen 1829 erwarb.

Hinter der schweren Holztür der Hauptburg liegt der Empfangsraum, und von diesem gelangt man in den Roten Salon, wo einige wertvolle Möbel stehen, so auch ein von David Roentgen signierter Sekretär. Als Freifrau von Boeselager kurz nach ihrer Heirat in diesem Roten Salon als neue Hausherrin an der Seite ihres Ehemanns erstmals auftrat und mit ihm die gemeinsamen Gäste begrüßte, war dies ein besonderer

OBEN: Blick in das Esszimmer mit einer französischen Tapete, nach historischen Vorbildern angefertigt
RECHTS: Roter Salon

Moment. Falls sie sich von einigen dieser Gäste neugierig beobachtet fühlte, ließ sie es sich nicht anmerken, und es gelang ihr bald, einen Mittelpunkt der Gesellschaft zu bilden. Die Nachricht von dieser Hochzeit war anfangs mit einigen Vorbehalten aufgenommen worden. Eine geschiedene und bürgerliche Frau ehelicht einen Adeligen mit langer katholischer Familientradition. Und dass auch dieser seine zweite Ehe einging, führte nur zu noch größerem Unverständnis. Aber wie kam diese Frau nach Heimerzheim, wie lernte sie ihren Mann kennen, und wie hat sich ihr Leben durch die Einheirat in die Familie derer von Boeselager verändert?

»Ich besuchte das Gymnasium in Mönchengladbach und wollte ursprünglich unbedingt Archäologie studieren«, erzählt sie. Da sich ihr Vater damit allerdings nicht einverstanden erklärte, erlernte sie den Beruf der Reiseverkehrskauffrau. Diese Berufswahl entsprach ihrem großen Interesse an fremden Völkern, und bald darauf wagte sie den großen Schritt in die Selbstständigkeit. Der Erfolg ließ nicht lange auf sich warten: Nach und nach eröffnete sie neun Reisebüros, entwickelte aus ihrer Uridee das erste Franchise-System in Deutschland und überließ schließlich der Tochter ein kleines Firmenimperium. Dem Leitbild ihres Vaters folgend, trat sie in die Politik ein, gründete 1979 die Frauen Union innerhalb der CDU, wurde zuerst Mitglied im Kreistag und nachfolgend Mitglied im Düsseldorfer Landtag.

Und nun bewegt sie sich ganz selbstverständlich auf Burg Heimerzheim, vorbei am Jagdsalon, in dem kein einziger heimischer Rehbock zu sehen ist. Hier hängen Trophäen aus Afrika, Amerika und Asien – Löwe, Kaffernbüffel, Leopard, Elch und Wildschafe aus Persien. »Auch in dieser Familie hat sich die Einstellung zur Jagd geändert. Ich selber sehe die heimische Jagd als Teil des positiven Naturschutzes, im Sinne der Hege und Pflege des Wildes. In die ferne Wildnis reisen mein Mann und ich gern«, fügt sie lächelnd hinzu. »Dann aber eher, um das Wild mit der Kamera zu jagen und nicht mit dem Gewehr.« Im Damensalon bildet ein gelbes Seidensofa den Mittelpunkt, und hier hält sich Ilka Freifrau von Boeselager gern auf. So selbstverständlich, wie sie jetzt hier sitzt, war es nicht, dass sie als Bürgerliche in die alte Familie von Boeselager aufgenommen wurde, deren Wurzeln bis ins 14. Jahrhundert nach Magdeburg zurückreichen. Ihr, die sich überall in der Welt heimisch fühlte, die gewohnt war,

ein Unternehmen zu leiten und politische Entscheidungen zu fällen, erscheint es im Nachhinein aber doch ganz selbstverständlich, sich in diese traditionsbewusste Familie einzugliedern. »Ich kannte Heimerzheim und die Familie bereits über zwanzig Jahre und habe als Abgeordnete die Burg öfters besucht. In früheren Jahrhunderten blieben adelige Familien hauptsächlich unter sich. Heute jedoch hat sich vieles verändert. Wir begegnen uns mit Respekt und Freundlichkeit. Vieles vermischt sich, neues Gedankengut, neue Sichtweisen, neue Lebensphilosophien werden in alte Traditionen integriert. Was aber wirklich zählt, sind die Werte, die man vorlebt. Das war früher so, und das ist heute genauso. Es ist wichtig, die eigenen Wurzeln zu kennen, und das tun heute nur noch wenige. Viele Menschen wissen gerade noch, wer ihre Eltern sind; woher ihre Großeltern kommen, ist oft nicht mehr nachvollziehbar, geschweige denn deren Eltern und weitere Vorfahren. In diesen Familien legt man jedoch viel Wert auf das Kennen der Ahnen und das Wissen um deren Geschichte.« Sie zeigt auf einen napoleonischen Orden, der einem Bruder des Ministers Graf von Belderbusch von Napoleon in Paris verliehen wurde. »Allein dieses Wissen, das von Generation zu Generation weitergegeben wird, ermöglicht ein Sich-Anpassen an neue Zeiten und deren neue Erfordernisse. So wird Geschichte mit jedem neuen Familienmitglied tradiert und neu belebt.«

Ihr eigentliches Zuhause ist allerdings nicht die Burg, sondern das nahe gelegene Gut Capellen, wie Schillingscapellen jetzt heißt. »Heimerzheim wird hauptsächlich für Hochzeiten und Veranstaltungen genutzt. Der Sohn meines Mannes kümmert sich um die Vermarktung. Ich selber stehe mit meinem beruflichen Netzwerk gern beratend zur Seite, würde mich aber nicht in die Pläne der jetzigen Generation einmischen wollen.« Eine fünfminütige Autofahrt entfernt liegt das ehemalige Nonnenkloster aus dem 14. Jahrhundert, das umfassend renoviert wurde. Hier hat die Hausherrin, vor allem in der Auswahl von Werken zeitgenössischer Kunst an den meisten Wänden, eine ganz eigene Atmosphäre geschaffen. Sie ist leidenschaftliche Sammlerin und pflegt auch einen persönlichen Kontakt zu den hier ausgestellten Künstlern. In Jeans und einer knallroten Jacke steht sie in ihrem Esszimmer mit der französischen Landschaftstapete, das sie – wie leicht zu erkennen ist – nicht nur zum Essen nutzt. Hier stapeln sich Dokumente und Akten. Schriftstücke, die sie für ihre Arbeit am Landtag bearbeitet. Und dazwischen findet sich auch die eine oder andere süße Verführung – Schokolade als Nervennahrung und sympathischer Bruch mit dem sonst so disziplinierten äußeren Erscheinungsbild. Ihr Leitfaden vermittelt sich in dieser Umgebung sehr anschaulich: »Und sei mein Leben noch so anstrengend – ich gebe niemals auf!« Ein starkes Motto für eine starke Frau.

Ansicht der Burg vom Innenhof

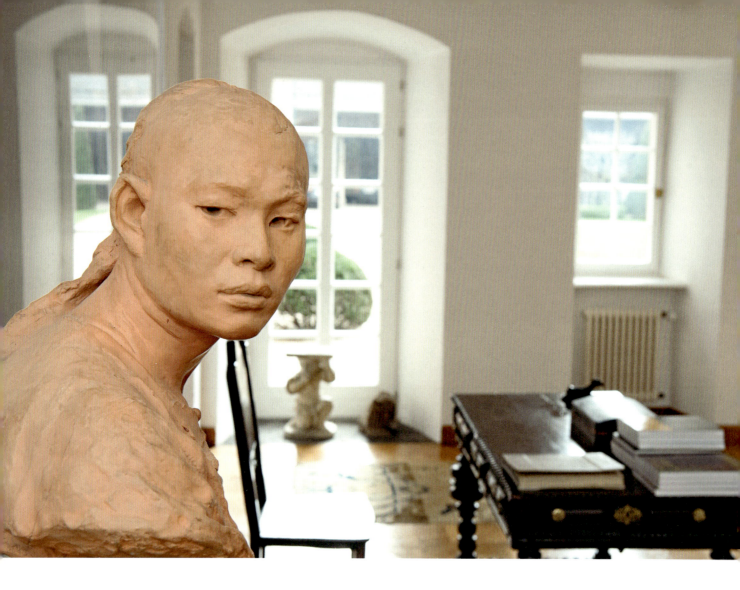

Mariana M. de Hanstein
Haus Busch

Hinter den Kulissen des Kunst- und Auktionshauses Lempertz arbeitet Dr. Mariana M. de Hanstein. Sie ist Expertin für alte Kunst, das heißt Gemälde und Zeichnungen bis zum 19. Jahrhundert. Lempertz ist eines der führenden Kunstauktionshäuser Europas und es ist das älteste der Welt in Familienbesitz. Heute wird es von Prof. Henrik Hanstein geführt, dessen Familie das Kunsthaus 1875 erwarb. Klein und zierlich, fast zerbrechlich wirkt seine Frau Mariana. Doch der erste Eindruck täuscht gewaltig. Sie ist ein Temperamentsbündel und agiert kraftvoll und leidenschaftlich. Wie ein Wirbelwind vertreibt sie vermeintlichen Muff aus der Welt der alten Kunst.

In jedem Jahr werden bei Lempertz in Köln etwa 16 Auktionen abgehalten, für jede müssen ein reich illustrierter Katalog vorbereitet und einwöchige Vorbesichtigungen organisiert werden. Damit ist Mariana de Hanstein zurzeit beschäftigt. Nach einem kurzen Abstecher bei einem Kollegen und seinen »Puppen«, wie Mariana liebevoll die kostbaren mittelalterlichen Holzfiguren nennt, führt sie der Weg eine Treppe tiefer, vorbei an Barockstühlen und seltenen Büchern, an wertvollen Schriften, die fachmännisch verpackt werden, bis zu einem kleinen Raum, in dem nummerierte Gemälde sorgsam gestapelt stehen. Ein junger Mann mit weißen Handschuhen eilt herbei und zieht nach ihren Anweisungen vorsichtig ein gerahmtes Bild hervor. Es handelt sich um ein Werk von Theodor van Thulden, einem Schüler von Peter Paul Rubens. Die politische Allegorie verweist auf die Ereignisse der Zeit in Antwerpen. Chronos, in der griechischen Mythologie der Gott der Zeit, verweist auf die unbekleidete Allegorie der Wahrheit in der Mitte des Bildes. Deren langes Haupthaar wird von dem rechts stehenden Kriegsgott Mars beiseitegeschoben. Erstaunt erkennen Mars und seine Begleiterin Pallas Athene, die Göttin der Weisheit, ihren nackten Körper – im übertragenen Sinne also, dass die Zeit hier die Wahrheit zutage bringt. Mariana de Hanstein ist offensichtlich in ihrem Element, beugt sich vor, deutet auf dieses oder jenes Detail und unterstreicht mit ihrer Gestik die Bedeutung der Allegorie. »Der Maler möchte uns die Aussage dieser Allegorie als zeitlos gültige Warnung vermitteln.« Ihre Erklärungen sind klar und lebendig. »Wir Chilenen sind eben so«, sagt sie. »Wir nehmen das Leben, wie es ist, und nicht immer so ernst wie die Deutschen.« Was nicht heißt, dass sie ihrer Tätigkeit bei Lempertz nicht mit großer Ernsthaftigkeit nachginge. Mitten in der Betriebsamkeit und zuweilen Hektik des Auktionshauses ist sie sehr präsent und

OBEN: Mariana M. de Hanstein mit mittelalterlichen Holzskulpturen
RECHTS: Die Steinskulpturen von Flora und Bacchus flankieren die Einfahrt zu Haus Busch

prägt das geschäftliche Leben mit ihren Entscheidungen. Zusätzlich ist sie häufig unterwegs und fährt kreuz und quer durch Europa, um Einlieferungen zu begutachten.

Da ist es verständlich, dass sie einen ruhigen Gegenpol benötigt. Diesen findet sie im Haus Busch, einem Bauwerk aus dem 18. Jahrhundert nahe Köln. Hier kann sie niemand beobachten, wenn sie morgens im Bademantel mit dem Hund Gina, einem Rhodesian Ridgeback, durch den Park spazieren geht. Die Kunst bestimmt auf diesem ruhigen Landsitz allerdings ebenso ihr Leben wie im Auktionshaus. Und so ist man neugierig darauf, wie Mariana de Hanstein sich hier eingerichtet hat.

Bei der Anfahrt auf das Anwesen führt der Weg zwischen zwei einzeln stehenden Säulen hindurch. Dann überquert man eine Brücke, und es begrüßen einen, rechts und links in zwei Mauernischen stehend, die ernst blickenden Statuen von Flora und Bacchus. Beide Figuren schuf der von Kurfürst Ernst August beauftragte Bildhauer Johann Franz van Helmont im 17. Jahrhundert. Sie harmonieren erstaunlich gut mit der im Park ruhenden Figur der Aglaia, deren Original der 1982 gestorbene Bildhauer Toni Stadler für den Marshall-Brunnen vor der Frankfurter Oper schuf. »Henrik und ich waren Anfang zwanzig und mit dem damals schon achtzigjährigen Künstler Toni Stadler befreundet«, erzählt Mariana und bittet in den linken Teil des zweihäusigen Anwesens. Große Fotografien von einem jungen chinesisch-mexikanischen Künstler hängen im Eingangszimmer, ein antiker Schreibtisch und verschiedene Plastiken vermitteln eine ruhige nachdenkliche Atmosphäre. Die anschließenden Zimmer waren eigentlich als Wirtschaftsräume gedacht. »Alles war klein, beengt, dunkel und muffig«, erläutert die Hausherrin. Kaum zu glauben, wenn man heute die hellen, großzügigen Räume betritt. Hinter dem Wohnraum liegt das Esszimmer, dominiert von einem Gemälde von Imi Knoebel aus den Siebzigerjahren. Davor hängt ein Leuchter aus Murano, und auch zu diesem gibt es wie zu vielen Kunstgegenständen im Haus eine Anekdote: »Ich verliebte mich in den Leuchter und kaufte ihn kurzerhand, ohne mich vorher mit meinem Mann zu beraten. Ich dachte schon«, sagt sie mit einem Lachen, »er bringt mich um.« Doch sie beweist ihr unschlagbares Gefühl für die gekonnte Mischung und überzeugt ihren Mann, indem sie die filigrane Glaskunst mit dem farbintensiven Bild kombiniert. Im ersten Stock befinden sich eine umfangreiche Bibliothek zu Themen der Kunst und Musik und ein herrlicher offener Kamin. »Als wir uns entschlossen, dieses Landgut zu kaufen und instand zu setzen, fanden wir den Kamin eher zufällig. Weil die Deutschen keinen Dreck mögen, hatte man ihn zugemauert«, erklärt sie, und man muss diese Äußerung als kleinen Seitenhieb auf den oft zur Sterilität neigenden Sauberkeitssinn ihrer neuen Landsleute werten. Mariana de Hanstein aber liebt Wärme und Licht, und so bildet der Kamin das Zentrum des von Büchern domi-

Oben: Die geräumige Küche
Rechts: Ein Werk von Imi Knoebel und ein Muranoleuchter bilden einen ungewöhnlichen Blickfang

nierten Raumes. Bücher, die die Ehefrau immer wieder ordnen muss, wenn ihr Mann alles in einem kreativen Chaos hinterlassen hat. Man merkt ihrer Erzählung die respektvolle Liebe an, die diese Ehe von zwei gleichberechtigten geschäftlichen Partnern verbindet. Wobei die Ausgeglichenheit sicher häufiger einmal von den Funken ihres chilenischen Temperaments irritiert wird.

Zum ersten Mal begegneten sich Henrik und Mariana in München. 22 Jahre alt war sie, als sie einer Einladung des Wiener Fotografen Ernst Haas zu seiner Vernissage ins Stadtmuseum nach München folgte. Aus Chile vor der Diktatur Allendes nach Wien ausgewichen, war ihr Wunsch, Architektur zu studieren. Sie hatte ein deutsches Internat in Valparaíso besucht und ihre Deutschkenntnisse mit der deutschstämmigen

Großmutter vertieft. »Die Ausstellung in München näherte sich ihrem Ende, und ein junger Mann sprach mich an. Später bat er mich um meine Telefonnummer, und zehn weitere Tage danach waren wir verlobt.« Eine schnelle Entscheidung wie oft in ihrem Leben, und eine, die sie nie bereut hat. Obwohl das Risiko hoch war, denn die beiden »wussten überhaupt nichts voneinander. Und es war undenkbar, mir Rat aus Chile zu holen, die Telefonate dahin kosteten damals ein kleines Vermögen.« Es folgten einige Jahre in München und die Hochzeit mit Umzug nach Köln. Inzwischen war sie dem Rat ihres Mannes gefolgt und hatte mit dem Studium der Kunstgeschichte begonnen – wieder eine richtige Entscheidung. »Unser gemeinsames Leben fing bescheiden an«, erzählt sie. Beim Anstreichen der ersten Wohnung griff sie zum Pinsel, und viele der Möbel und Wohnaccessoires kamen aus dem Fundus von Henriks Eltern. »Später zogen wir um in das Atelierhaus von Gerhard Marcks, das Wilhem Riphahn, der Erbauer der Kölner Oper, entworfen hatte.« Es war im typischen asketischen Stil der Fünfzigerjahre für den Bildhauer Gerhard Marcks entworfen worden. »Dort fühlte ich mich ehrlich gesagt nicht richtig wohl. Ich wollte raus aufs Land, dorthin,

Mariana M. de Hanstein mit ihrer
Hund Gina im Par

wo ich frei sein konnte und mich niemand beobachtete.« Gleichzeitig war ihr die Nähe zur Stadt und zur Autobahn wichtig, denn Mariana de Hanstein ist eine leidenschaftliche Autofahrerin. Schließlich entdeckte Henrik das Haus Busch und zeigte es seiner Frau, die angesichts seines schlechten Zustands entsetzt reagierte. Unmöglich konnte man sich damals vorstellen, dass das Haus einmal in einem solchen Glanz wie heute erstrahlen würde. Und doch, irgendein Zauber wohnte dem Anwesen inne.

Westlich von Köln liegend, wirkt das Haus auf den ersten Blick wie eine schlichte Feste aus dem 18. Jahrhundert. Doch der erste Anschein trügt. Im 15. Jahrhundert wurde als Besitzer die Familie der Beissel von Gymnich erstmals namentlich erwähnt. Von ihnen wechselte der ehemalige Rittersitz durch verschiedene Hände, bis Ferdinand von Groote Mitte des 18. Jahrhunderts den Umbau zum spätbarocken Landsitz unternahm. Unter anderem legte er die aufwendigste Gartenanlage der Region an, die später von Jean Joseph Tranchot, der unter Napoleon das gesamte linksrheinische Rheinland kartografierte, detailliert erfasst wurde. Von den Gärten mit ihren Kaskaden, Bootsländen, beschnittenen Bäumen und Hecken, Statuen und geometrischen Beeten sind nur wenige Spuren im romantisch überwachsenen Gelände geblieben. Eine freistehende Steintreppe, unter der sich früher der Eiskeller befand, führt scheinbar ins Nichts, könnte aber, so Mariana, mit Hilfe der Karten Tranchots wieder als Teil eines Weges zum Leben erweckt werden und erneut zum Lustwandeln einladen. »Vielleicht kommt tatsächlich der Moment, von dem an ich mich der Wiederherstellung des Gartens widme. Zum Beispiel dann, wenn ich als Witwe keinen mehr fragen muss«, erklärt Mariana de Hanstein und lächelt sibyllinisch. Doch jetzt fehlt ihr einfach die Zeit. Nach dem Erfolg eines von ihr verfassten Werkes zum Leben Fernando Boteros, der ihr als Dank zwei Zeichnungen schenkte, widmet sie heute fast ihre gesamte Zeit der Arbeit bei Lempertz. Und tut es mit großer Freude und Elan. Haus Busch ist für sie heute vor allem der luxuriöse Ort, an dem sie Ruhe finden kann. »Luxus ist für mich Platz und Raum zum Atmen. Und außerdem die Möglichkeit, mich kompromisslos mit dem zu umgeben, was mir gefällt. Das finde ich hier und bin unendlich dankbar dafür.«

Irmgard von Abercron
Schloss Frens

Eine ältere Dame, die grauen Haare kunstvoll auf dem Kopf getürmt, öffnete das schwere Tor von Schloss Frens. Ihr Blick war streng und taxierte die Besucherin distanziert. Neben ihr stand eine riesige Dogge. Als das mächtige Tier die Besucherin ansprang und seine Pfoten auf die Schultern der Fremden legte, war der Schreck groß. Unfassbar erschien allerdings, dass seine Herrin es nicht für nötig befand, den Hund zurückzupfeifen. »Das war wohl eine Art Mutprobe«, meint Irmgard von Abercron, die heute selber mit ihrer Familie das Schloss bewohnt und bewirtschaftet und sich noch lebhaft an diesen ersten Besuch erinnert.

Die ältere Dame hieß Ines Gräfin Beissel von Gymnich. Sie lebte als Witwe mit einer Cousine allein in Frens. Die Dogge und ein Zwergpony waren ihre ständigen Gefährten und begleiteten sie sogar in die Salons und ins Esszimmer. Von ihren fünf Kindern fielen die drei Söhne, zu denen sie eine besonders herzliche Beziehung hatte, mit jungen Jahren im Krieg. Diesen schweren Schicksalsschlag ertrug sie mit diszipli-

Die Apothekerin mit einem historischen Apothekergefäß

nierter Haltung und stellte die Söhne silbergerahmt an einem Ehrenplatz auf.

»In ihrem langen Leben auf Schloss Frens widmete sich Ines mit aller Intensität dem Erhalt des Schlosses, das durch den Abbau der nahe gelegenen Braunkohle starke Bauschäden erlitten hatte. Daneben war ihre große Leidenschaft die Vollblutzucht und der Galoppsport«, erzählt Irmgard von Abercron. Viele Fotos zeigen ihre erfolgreichen Rennpferde, die auf dem eigenen Gestüt gezüchtet wurden. Der finanzielle Aufwand für die Pferdezucht war immens ebenso wie die Kosten für die schwierige Sanierung des Hauses. Ein Teil ihres Grundbesitzes wurde für diese notwendigen Investitionen verkauft, womit sich für den nachfolgenden Erben Gisbert, der Unterhalt des Schlosses erheblich erschwerte.

Irmgard und Gisbert von Abercron lernten sich im Alter von 17 Jahren kennen. Bis zu dem unvergesslichen ersten Besuch Irmgards auf Schloss Frens vergingen fünf Jahre. Erst dann verlangte die damalige Etikette den offiziellen Antrittsbesuch der zukünftigen Braut. Olga, die Mutter von Gisbert und eine der beiden Töchter von Ines, war die treibende Kraft. Fünf Jahre sah man damals als durchaus angemessene Zeit an, in der sich das junge Paar kennenlernen und auf eine gemeinsame Zukunft vorbereiten sollte. Aber nun musste Irmgard auch offiziell in die Familie aufgenommen werden. Schließlich wurde man ohne offizielle Verlobung nicht ohne Weiteres zu Familienfesten eingeladen.

1975 heiratete das Paar und zog zunächst in eine kleine Wohnung nach Köln. Irmgard machte eine Ausbildung zur Apothekerin als Vorbereitung auf ihr späteres Pharmaziestudium, während Gisbert eine Banklehre absolvierte, auch er mit dem Ziel, danach ein betriebswirtschaftliches Studium aufzunehmen. Er war geprägt von seiner Kindheit auf dem Land, und es war schnell klar, dass für ihn ein Leben in der Stadt nicht auf Dauer in Frage kommen würde. Nach dem Tod seiner Großmutter Ines im Jahre 1976 wurden Irmgard und er gebeten, die Nachfolge in Frens anzutreten. Irmgard hatte zu diesem Zeitpunkt ihr erstes Studienjahr in Bonn absolviert, wollte am Leben

Marmorgedenktafeln für die drei im Zweiten Weltkrieg gefallenen Brüder Franz-Hugo, Gisbert und Egon Grafen Beissel von Gymnich

mit den Kommilitonen in Bonn teilhaben und nicht täglich von Bonn nach Frens fahren müssen. Für sie war der Umzug nur eine vorübergehende Lösung. Doch ihre Schwiegermutter, Olga, hatte hierzu eine klare Meinung und nahm Irmgard eines Tages in den Arm. »Ach Kindchen«, sagte sie ihr, »das wird sich alles regeln.« »Sehr weise«, sagt Irmgard heute. »Sie wusste genau, dass jeder, der einmal hier wohnt, von Frens so schnell nicht wieder loskommt.«

Im Eilverfahren wurde für die Jungvermählten im Schloss eine kleine Wohnung hergerichtet. »Meine Schwiegereltern waren sehr sparsam«, erinnert sich Irmgard. »Ich bat meinen Schwiegervater einmal um Erlaubnis, im drei Quadratmeter großen Bad Fliesen legen zu dürfen. Abwaschbare Farbe in schlichtem Beige wurde mir erlaubt, alles andere galt als überflüssig.« Was damals für das junge Ehepaar beschwerlich erschien, ist aus heutiger Sicht nicht ganz unverständlich. »Meine Schwiegermutter war hier groß geworden und hat in Frens auch den Krieg überlebt. Für sie und meinen Schwiegervater sowie für viele andere aus ihrer Generation war es eine Selbstverständlichkeit, auf Bequemlichkeiten zu verzichten, um das Familienerbe zu erhalten. Jeder Pfennig, der übrigblieb, wurde in notwendige Reparaturen gesteckt. Das war auch sicher der Grund, warum meinem Wunsch nach Verschönerung wenig Verständnis entgegengebracht wurde.« Bis auf zwei Räume in einem anliegenden Trakt, die von einer Tante alleine bewohnt wurden, blieb das große Schloss leer. »Da von uns erwartet wurde, das Haus im Sinne der Eltern zu verwalten«, sagt Irmgard, »war ein normales Studentenleben gar nicht mehr möglich.« Ihre Aufgaben waren vielseitig und nahmen viel Zeit in Anspruch. Der Park musste gepflegt und unendliche Reparaturen durchgeführt werden. Die Organisation von großen Empfängen und Zusammenkünften schränkte die Zeit für das Studium stark ein. Und all das bedurfte einer zeitraubenden Abstimmung mit den Vorstellungen und Vorgaben des Schwiegervaters. Oft kam Besuch von den Geschwistern, die gern in Frens Familienfeste feierten. »Meine Schwiegermutter liebte es, die Familie um sich zu versammeln. Da mein Mann als Einziger der insgesamt neun Geschwister mit mir hier lebte«, erinnert sich Irmgard, »half ich ihr oft, diese Feste entsprechend vorzubereiten.«

Mit dem Abschluss des Pharmaziestudiums und der Geburt des ersten Kindes, Christina, im Jahr 1981 wurde die Wohnung zu eng. Eine neue Wohnsituation musste geschaffen werden. Die Räume waren, nachdem sie jahrelang leer gestanden hatten,

Roter Saal mit Spiegel. Der goldplattierte, in Italien Anfang des 19. Jahrhunderts geschnitzte Holzrahmen zeigt das Wappen der Grafen Beissel von Gymnich

in einem katastrophalen Zustand. »Wir haben mit einigen Helfern alles selber renoviert, die Tapeten geklebt und gestrichen.« 1983 wurde dann der Sohn Nikolaus geboren, gefolgt von Felix 1987. In dieser Zeit nahm Irmgard von Abercron wieder ihren Beruf als Apothekerin an zwei Tagen in der Woche auf. Ein weiser Entschluss, vor allem im Hinblick auf die Tatsache, dass sie später einmal eine eigene Apotheke in Köln besitzen würde.

1994 veränderte sich die Vermögenssituation der Familie komplett. Die Vorburg des Schlosses wurde zu einer großzügigen, komfortablen und zeitgemäßen Wohnanlage umgebaut und im Wege des Erbbaurechts verpachtet. Fünf Jahre sollte der Umbau dauern und mit sich ein extrem erschwertes Wohnen für die Familie bringen. So wurde der Umzug in ein modernes Eigenheim geplant, in nächster Nähe der Schulen, die die Kinder schon besuchten. Es sollte eine Ruhepause nach der arbeitsreichen Zeit werden und hauptsächlich den Kindern zugutekommen. Von der klar abgegrenzten Privatsphäre, die so auf dem Familienschloss Frens nicht einzuhalten war, profitierten alle.

»Drei Jahre später starb mein Schwiegervater, und wir wurden von der Schwiegermutter gebeten zurückzukommen, da sie auch altersbedingt die Verwaltung und Pflege des Familienbesitzes nicht bewältigen konnte. 2003 zogen wir zurück«, erzählt Irmgard. Sie beide übernahmen nun allein die gesamte Verantwortung mit allen anstehenden Verpflichtungen für das stark renovierungsbedürftige Haus. Erstmals als Castrum Vrenze im Jahr 1236 urkundlich erwähnt, wurde das Schloss im Laufe der Jahrhunderte immer wieder umgebaut und erweitert. Die Familie Raitz von Frenz, eines der ältesten Kölner Patriziergeschlechter, besaß das weitläufige Anwesen nahezu 400 Jahre lang. Nach der Umgestaltung des Schlosses in den reichen Formen der niederländischen Renaissance wurde schließlich im Jahre 1690 die bauliche Entwicklung der Hauptburg zu einer geschlossenen, symmetrischen Anlage zum Abschluss gebracht. 1732 gelangte Schloss Frens in den Besitz der Familie Beissel von Gymnich und erhielt durch Franz-Hugo Graf Beissel von Gymnich und seine Ehefrau Maria Freifrau von Fürstenberg im Jahr 1850 sein heutiges Aussehen.

Ein Blick in die nach der vollzogenen Renovierung geschmackvoll eingerichteten Gästezimmer zeigt, wie sich dieser bedeutsame historische Ort inzwischen verändert hat. »Hier lagen ehemals die Kammern der Knechte«, erzählt Irmgard. »Alles war grau. Es gab keine Bäder, und es war sicher seit über fünfzig Jahren nichts verändert worden.« Zunächst wurde allerdings der Wohntrakt in der mittleren Etage in sechs Monaten zügig renoviert und kernsaniert. Elektroleitungen mussten erneuert werden, Rohre ausgetauscht, Bäder und Küche installiert. Aus tristen, dunklen Räumen wurden Rosshaarmatratzen, verblichene Samtsessel und zerschlissene Vorhänge entsorgt. Viel weiteres Gerümpel, das auf dem Dachboden über Jahre hinweg gesammelt worden war, warf man aus den Fenstern in den Innenhof. »Der Berg füllte Container«, lacht Irmgard. »Mit der Entrümpelung kam Licht und Freude.« Aber nicht nur Freude, und nicht immer.

Der große Saal mit seinen seltenen Ledertapeten und dem von Hand gebohnerten Parkett aus vielen verschiedenen Edelhölzern ebenso wie der große Esssaal, von dessen Wänden unzählige Ahnen herunterblicken, erstrahlen heute in neuem Glanz. In der Zeit der Renovierung wurde Irmgard manchmal gefragt, warum sie sich das alles antue. 1500 Quadratmeter Wohnfläche, die gepflegt und unterhalten werden wollen und

Blühende Magnolien im Park vor dem Schloss

Irmgard von Abercron in einem Kleid von Beatrice von Tresckow an ihrem Lieblingsplatz im Innenhof des Schlosses. Den um 1570 entstandenen Wandbrunnen ziert ein Relief, auf dem das Urteil König Salomons dargestellt ist

ständige Reparaturen erfordern. »Während andere Familien den Sommer im Garten verbringen konnten und sich entspannten, beschäftigten wir uns mit der Planung und Ausführung weiterer Renovierungsmaßnahmen.« Viele Handgriffe waren nötig, um dem Schloss seinen alten Glanz wiederzugeben, und werden in Zukunft auch weiter nötig sein, um das Haus zu pflegen und entsprechend instand zu halten. Doch die Mühe habe sich gelohnt, sind sich alle einig. Die ständigen Herausforderungen machen kreativ und lassen keine Langeweile zu. Die größte Motivation für all diese Arbeit sei allerdings das Interesse der nächsten Generation an dem Erhalt ihres Zuhauses. Und so erinnert Irmgard immer wieder die Worte ihrer Schwiegermutter: »Wer einmal in Frens wohnt, kommt so schnell nicht mehr davon los.«

Rosalie Freifrau von Landsberg-Velen
Schloss Wocklum

»Meine Schwestern und ich durften alles tun, was meinen kleinen Verwandten und Freundinnen in anderen Schlössern verboten war«, sagt Rosalie Freifrau von Landsberg-Velen. »Unsere Kindheit hat sich in diesem Flur abgespielt. Das war cool!« Die prachtvolle Bemalung des 35 Meter langen Flurs in Schloss Wocklum im Sauerland wurde von italienischen Meistern seit 1643 ausgeführt. In den Decken- und Wandmalereien schlingen sich Muschel- und Rankenwerke um Jagd- und Tierszenen. Luftgeister schwenken Schriftbänder, und A-la-mode-Figurinen verbinden sich mit naturalistisch gemalten floristischen Formen, Blütenkränzen und Laubgehängen. »Diese allegorische Darstellung bedeutet mir besonders viel«, sagt Rosalie und zeigt auf die

Darstellung eines Menschen, der eine ihm zunächst rätselhafte, verschlossene Welt betritt und diese zum Schluss als weiser, gereifter Charakter wieder verlässt. Ein Gemälde zeigt Schloss Velen, das ebenfalls seit 1756 zum Familienbesitz gehört. »Damals heiratete Clemens August von Landsberg die Erbtochter der Familie von Velen, Anna Theresia, und ließ ihr zu Ehren diese Darstellungen hier in Wocklum anbringen.«

Rosalie zeigt auf den vollkommen ebenen Boden des Flurs, der mit großen Steinplatten verlegt ist. »Das sind doch ideale Bedingungen zum Rollschuhfahren, für Slaloms mit dem Fahrrad und dem Kettcar, für einen Stelzenlauf und vieles mehr, oder?« Dass im Eifer des Gefechts gelegentlich die Malereien beschädigt wurden – daran kann sie sich nicht erinnern. Wohl aber daran, dass die eine oder andere chinesische Vase zu Bruch ging. Die hätten die Eltern vielleicht wegstellen sollen, meint sie verschmitzt. Besser, als auf den museumsüblichen Filzpantoffeln herumzurutschen, wären die lebhaften Spiele allemal gewesen, und sie ist ihren Eltern dankbar, dass diese den vier Schwestern ermöglichten, die Geschichte des Hauses so lebendig zu »erfahren«.

1370 wird Wocklum zum ersten Mal urkundlich als Besitz des Albert von Böckenförde gen. Schlüngel, kurkölnischer Amtmann zu Balve, erwähnt. Seit 1440 scheint es an zwei Familien in getrennten Häusern übergegangen zu sein, bevor der abtrünnige Erzbischof Truchsess zu Waldburg 1583 die beiden Häuser zu Wocklum zerstörte. 1685 wurde das Schloss in der heutigen Form wieder aufgebaut, wobei man zuerst mit der Kapelle begann, dann aber die Baupläne änderte. »Dadurch wurde die dicke, eigentlich als Außenmauer geplante Verbindung zwischen Kapelle und Salon geschaffen, die heute für einen Innenraum eher unpassend erscheint.« Das eigentliche Esszimmer wird auch als Salon genutzt. Hier besticht neben dem reichen Bestand an qualitätvollen

Gemälden die Deckengestaltung mit farbig gefasstem Stuck und den beiden Deckengemälden, »Das Urteil des Salomon« und »Der Besuch der Königin von Saba«, die im Zuge der umfassenden Restaurierung in den Jahren 1974 bis 1976 ihren alten Glanz zurückerhielten. Von hier erreicht man die Bibliothek, die früher das Büro des Vaters war. Wie viele andere wird dieser Raum auch heute noch mit einem Kachelofen geheizt – auch im Büro von Rosalie steht ein solcher. Er strahlt eine gemütliche Wärme aus und eignet sich besonders, wenn man im langen sauerländischen Winter regelmäßig heizen muss.

Im großen Salon stehen rechts und links neben dem Kamin zwei hohe Alabastervasen, die wie viele weitere Gegenstände in Wocklum eine eigene Geschichte haben. Nach der Niederlage von Napoleon 1813 in der Völkerschlacht bei Leipzig flüchtete dieser mit den Vasen und schenkte sie seinem Bruder Gerome, dem König von West-

Von Jean-Antoine Watteau bemalte Holzfiguren aus dem 18. Jahrhundert dienen der Wärmeverteilung im Raum

LINKS: Kachelofen aus dem 18. Jahrhundert mit Sitzbank aus Delfter Kacheln

phalen, der sie wiederum auf seiner ersten Fluchtetappe in Velen ließ. »Unglaublich, was dort alles auf der Flucht mitgeschleppt wurde«, meint Rosalie schmunzelnd und blickt auf mehrere fast mannshohe bemalte Figuren aus dem 18. Jahrhundert, die vor und neben dem Kamin aufgestellt sind. Sie sind nicht nur dekorativ, sondern wurden früher im Raum verteilt, um die Wärmeverteilung zu fördern. Ein dunkler Holzschrank gegenüber der Fensterfront stammt von König Philip III. von Spanien, dessen Wappen in die reich geschnitzte Front des Möbels eingefügt wurde, das mit zahlreichen Geheimfächern ausgestattet ist.

Der Weg zu einem weiteren beliebten Spielplatz der Kindheit führt durch einen kleinen Flur zu der Kapelle, die der heiligen Barbara geweiht ist. »Jeden Sonntag um acht Uhr morgens wurde hier die heilige Messe gefeiert. Wir mussten uns als Mädchen immer in kratzige weiße Strumpfhosen quälen und einen an den Beinen klebenden Rock darüber anziehen. So fein gemacht, durften wir an der Messe teilnehmen.« Jedes Mal kam der gleiche Pfarrer und blieb danach zum Frühstück mit der Familie. »An seinem langen weißen Bart sammelten sich gerne die Reste des Frühstückseis.« Die Christmette und die Ostermette um Mitternacht wurden hier genauso mit der Familie gefeiert wie alle Taufen. Die erste Beichte nahm man den Kindern im eigenen Beicht-

Rosalie Freifrau von Landsberg-Velen vor einem Wandgemälde des weiten Familienschlosses Velen

stuhl ab, und hier wurde auch die Erstkommunion abgehalten. Nur für die Feier familiärer Hochzeiten war die Kapelle zu klein. »Wir spielten oft Kirche. Der Vorrat an – natürlich nicht geweihten – Oblaten war beliebtes Naschwerk, aber auch Predigten haben wir vor den anderen gehalten.« Wie sich herausstellen sollte, eine gute Übung fürs spätere Leben.

Als zweite von vier Schwestern wird Rosalie in Münster geboren und wächst gut behütet von den Eltern und der Großmutter in Wocklum auf. Diese hatte oben im Schloss ihr eigenes Reich, doch nahm sie immer an den gemeinsamen Mahlzeiten teil. Eine strenge Frau, die von ihren fünf Kindern drei im Krieg verlor. »In einer Schublade in ihrem Salon hatte sie immer besondere Schokolädchen«, erinnert sich Rosalie. »Damit wollte sie wohl einen engeren Kontakt zu uns Kindern herstellen« – ein Unterfangen mit nachhaltigem Erfolg! »Und dazu besaß sie als Einzige im Haus damals auch noch einen Fernseher!« Mit acht Jahren erhält Rosalie ihr erstes Pony, und der Grundstein für eine nie endende Leidenschaft war gelegt. »Mit dem Pony und später dem Pferd lernte ich Verantwortung und ›Time-Management‹«, sagt sie lächelnd. Die Pflege und Sorge um das Tier hätten andere Freizeitplanungen oft verhindert. »Doch habe ich schon früh gelernt, zu meinen Verpflichtungen zu stehen.«

Die Reiterei hat eine lange Tradition in Wocklum. »Seit 1948 werden hier große Reitturniere ausgetragen, anfangs noch alle zwei Jahre auf einer Wiese, die je nach Wetterbedingungen matschig oder steinhart war.« Inzwischen lockt die Arena mit ihrem speziell angelegten Sandboden die Spitze des internationalen Reitsports an diesen Ort. Die Teilnahmeliste liest sich wie ein Who's who der Topstars im Sattel. »Zukunft braucht Herkunft« lautet das Motto dieser Veranstaltungen, die ehrenamtlich von Rosalie organisiert werden.

»Mein Vater ist immer noch der Grandseigneur des Reitsports«, lenkt sie bescheiden von ihrer tragenden Rolle ab, doch das stets klingelnde Handy straft diese Worte Lügen. Zu den weiteren tragenden Säulen der Veranstaltungsreihe, die mittlerweile als »Balve Optimum« bekannt ist, zählen die Landpartie und die Poloturniere, die mit den Reitturnieren Zehntausende von Besuchern jährlich nach Wocklum locken. Wie schafft sie als alleinerziehende Mutter, sich so erfolgreich als moderne Unternehmerin zu bewähren und diese Tätigkeit auch noch mit den Traditionen der Familie in harmonischer Weise zu verbinden? Insbesondere da sie sich für den Erhalt ihres Elternhauses einsetzt, ohne es jemals erben zu können, da die Familienregel vorschreibt, dass Erben männlich zu sein haben? »Ich bin eine Art Zwischenfigur – nicht die normale Hausfrau oder Schlossherrin, die für den Erhalt ihres Hauses auch im Sinne der Nachkommen arbeitet. Aber ich hänge sehr an Wocklum, habe hier tolle Aufgaben gefunden, für die ich mich einsetze und für die ich auch die Verantwortung trage.«

Oft habe sie daran gedacht, mit den beiden Kindern in die Stadt zu ziehen. Doch sie ist an diesem Ort verwurzelt, und nur hier findet sie die Möglichkeit, sich zu entfalten. Aber trotzdem merkt man ihr an, dass die Zukunft sie beschäftigt, vor allem die Zeit, wenn der männliche Erbe sein Amt antreten wird. »Zukunft braucht Herkunft« könnte auch ihr persönliches Motto lauten. Vielleicht lässt es sich in Velen ausleben, besonders da sie dort bereits einen solchen Einfluss gewonnen hat.

Eigentlich wollte Rosalie Tierärztin werden, entschied sich dann aber für ein Sportstudium. »Die Diplomarbeit gab ich drei Tage vor der Geburt meiner ersten Tochter ab.« Fünf Jahre davor, 1986, hatte ihr Vater Schloss Velen zum Hotel umgewandelt. »101 Zimmer wollten belegt werden, und ein neues, zeitgemäßes Konzept musste her.« Rosalie erkennt den neuen Trend. »Gesucht wurde eine Verbindung von Körper und Geist«, sagt sie. Sie findet die Bezeichnung SportSchloss Velen als neuen Namen für das Schlosshotel und entwickelt die vielen sportlichen Angebote von Bogenschießen über Tennis, Golf, Kanufahren und mehr. Zwei Jahre verbringt sie hier, bis es sie doch wieder ganz nach Wocklum zieht.

»Inzwischen bin ich zwei- bis dreimal in der Woche in dem 140 Kilometer entfernt liegenden Velen und kümmere mich dort um vieles.« Sich vorzustellen, die Aufgaben mit dem männlichen Erben zu teilen, fällt ihr nicht schwer. Wobei sie eher in Wocklum bleiben möchte, da sie hier ihre ureigensten Wurzeln hat.

Und so steht die Freifrau vor der glänzend gebohnerten Treppe in ihrem Schloss, als ihr auf einer Matratze hinunterrutschend die kleine Tochter entgegenkommt. Genauso wie ihre Mutter saust sie in den großen Eingangsflur. Hier stehen schon die Rollschuhe bereit – ist dies ein Déjà-vu? Zumindest sind die von damals noch übriggebliebenen chinesischen Vasen jetzt in weiser Voraussicht in Sicherheit gebracht.

Fides Freifrau von Mentzingen
Schloss Bürg

Der Duft von Himbeeren und selbstgebranntem Obstwasser sowie lebhafte Kinderstimmen – diese drei Eindrücke prägen in unvergesslicher Weise die Begegnung mit Fides Freifrau von Mentzingen. Fröhlich und gelassen blicken die auffallend blauen Augen dieser sanft wirkenden Frau, die trotz manch schwerer Schicksalsschläge Erstaunliches geleistet hat, dem Eintretenden entgegen.

Als jüngstes von sechs Kindern wurde sie 1945 geboren. Da war bereits ihr Vater wie auch sein Bruder im Krieg gefallen. »Ich wuchs hier in einem mehrere Generationen umfassenden Frauenhaushalt auf«, erzählt Fides von Mentzingen in der Eingangshalle von Schloss Bürg. Mit Ritterrüstungen und martialischen Waffen aus dem Mittelalter dekoriert, erinnert dieser Raum an die Entstehungszeit des Schlosses, das mit seinen spätgotischen Treppengiebeln gut sichtbar auf einer Anhöhe über dem Kochertal steht.

Im 11. Jahrhundert erbaut, wechselte die Burg 1343 durch Einheirat in den Besitz der Herren von Gemmingen – und verblieb dort bis heute. Zu Beginn des 20. Jahrhunderts nutzte die Familie Schloss Bürg als Sommerresidenz. »Mein Großvater war Ulan im Dienst des Königs von Württemberg«, erzählt Fides. Mit ihm sei die Familie nach 1914 erstmals ganz auf das Schloss gezogen. Dort lebte man unter heute kaum noch vorstellbaren Umständen. Da es kein fließendes Wasser gab, bediente man sich aus wassergefüllten großen Lederbeuteln, die im Keller hingen. Die einzigen Lichtquellen waren Kerzen und Öllampen, und geheizt wurde mit eisernen Öfen, die von den Gängen aus befeuert wurden.

Nach dem Tod des Großvaters 1943 fielen auch zwei von drei Söhnen bald darauf im Zweiten Weltkrieg. Die beiden Töchter blieben bei ihrer Mutter und lebten in der Burg. Ebenso lebten die beiden Schwiegertöchter hier mit ihren Kindern: »Meine Mutter als Kriegswitwe mit uns sechs Geschwistern und meine Tante etwas abseits im Seitenflügel mit ihrem Mann und den gemeinsamen fünf Kindern.« Später berichtet die Mutter, dass zu dieser Zeit auch über fünfzig Flüchtlinge aufgenommen wurden. Unvergesslich sei der Bombenangriff im Dezember 1944 auf Heilbronn gewesen. 13 Tage und Nächte habe er gedauert. »Unser riesiger Gewölbekeller bot Unterschlupf für unsere Familie und noch für die gesamte Bevölkerung von Bürg. 110 Menschen waren in eisiger Kälte hier zusammengepfercht, kochten auf offenen Feuerstellen, schliefen und machten sich gegenseitig Mut.«

Erst einige Monate danach sei sie geboren worden, erzählt Fides von Mentzingen und erinnert sich an ihre unbeschwerte Kindheit. »Ich war Nachzügler und viel allein unterwegs, denn die älteren Geschwister kamen nach und nach in Internate.« In dem kleinen, nur 300 Seelen zählenden Dorf konnte sie sich auch unbeaufsichtigt frei bewegen und entwickelte sich zu einem regelrechten Wildfang. »In dieser Zeit habe ich gelernt, frei und selbstständig zu handeln. Eigenschaften, die mir bis heute besonders wichtig sind«, sagt sie. »Ich durchstöberte alle Gassen, kletterte mit den Dorfbuben auf Bäume und fühlte mich mehr als Junge denn als Mädchen.« Ihre Mutter habe immer wieder ihre aufgerissenen Hosen flicken müssen, fügt sie schmunzelnd hinzu, so wie sie auch sonst für die Geschwister viel selber nähte und Getragenes umänderte. »Mein erstes neues Kleid habe ich erst mit 17 Jahren bekommen«, beschreibt Fides von Mentzingen einen unvergesslichen Augenblick in ihrem Leben.

Der große Gewölbekeller diente im Zweiten Weltkrieg als Schutzraum für das ganze Dorf

Blick in den privaten Salon

Bei allen Entbehrungen war ihre Kindheit in Bürg doch sorgenfrei und glücklich. Das freie Leben fand allerdings ein Ende, als sie zwölf Jahre alt wurde. »Man schickte mich in ein klösterliches Internat, das Sacré Cœur, wohl um mich zu zähmen und mich zu disziplinieren«, meint sie. »Hier wurde ich nicht als Individuum, sondern mehr wie eine Nummer unter vielen behandelt, und ich begann die einengenden Regeln zu hassen, die ich als engstirnig empfand!« Lediglich die Arbeit im Garten habe ihr Freude gemacht und sie ein wenig an ihr Zuhause erinnert, das sie nur noch in den Ferien besuchen durfte.

»Als ich 18 wurde, starb meine Großmutter. Sie war eine äußerst starke Frau, die mit einer Köchin den eigenen Haushalt bestritt. Es wurde französisch gesprochen, und von meiner Mutter wurde erwartet, dass sie täglich mit den Kindern vorsprach.« Noch heute kann man ein Porträt auf einem der handbemalten Teller bewundern, die an einem repräsentativen Platz im hellblauen Salon hängen, da die Enkeltochter diese Arbeiten besonders schätzt.

Inzwischen hatte die Mutter den landwirtschaftlichen Betrieb übernommen. Als Alleinstehende war sie außerdem verantwortlich für die Erziehung ihrer Kinder, und sie musste alles tun, um ihrer Schwiegermutter zu gefallen. »Sicher kein leichtes Leben«, seufzt Fides. »Ich kenne es aber nicht anders. Hier haben die Frauen immer autark entschieden und gelebt«, sagt sie, »so auch ich.« Mit 19 verliebt sie sich und heiratet zwei Jahre später. »Ich wollte endlich mein Leben selbst bestimmen, Verantwortung übernehmen und eine eigene Familie gründen.« Es folgten fünf Kinder in sieben Jahren, denen sie das für sie so wichtige Gefühl von Freiheit und Selbstverantwortung vermittelte. »Als mein Mann und ich Bürg übernahmen, musste alles neu geschaffen werden.« Vieles übernahmen die beiden dabei in Eigenleistung. »Ich habe bei der Erneuerung der Elektroleitungen geholfen, alle Wände mit tapeziert und gestrichen und die Bodenleisten angebracht.« Bäder wurden installiert und auch eine komplette Küche. Und die Kinder halfen mit, schleppten Pinsel, Eimer und Zementsäcke und hatten trotz der Mühe ihren Spaß dabei.

»Das alles musste im Winter bewältigt werden. Denn im Sommer bestellten wir die Felder. Das Gemüse musste geerntet und später die Rüben verladen werden.« Zum Betrieb gehörten auch Gänse, die in der Weihnachtszeit geschlachtet und verkauft wurden. »Zwischen all dieser Betriebsamkeit wurde gelebt«, lacht Fides. Die Arbeit habe die Familie eng zusammengeschweißt. Langsam sei der Betrieb gewachsen, und dieses Wachstum brachte eine bescheidene Entlastung. »Wir bekamen 1972 unsere erste Geschirrspülmaschine, gefolgt von einer Gefriertruhe für die Gänse 1978.« Die Erleichterung ist ihren Worten noch heute anzumerken. Damals lebten im Haushalt außer den eigenen fünf Kindern noch Hauswirtschaftslehrlinge, die in allem – vom Führen des Haushaltsbuchs bis zur Pflege des Gemüsegartens, dem Putzen von Silber und Messing, dem Legen und Bügeln von Leinentüchern und dem Aufstellen eines der Jahreszeit entsprechenden Speiseplans – angelernt werden mussten. »Von 1970 bis 1996 hatten wir außer der Landwirtschaft auch Obstplantagen, Enten und Hühner, eine Bernhardinerzucht mit sechzig Hunden und eigene Schafe – und dies alles durfte in der Zeit, in der das komplette Schloss renoviert wurde, nicht vernachlässigt werden! Wie wir das alles geschafft haben? Die Frage wurde nie gestellt. Man fühlte sich wie ein Glied in einer Kette und tat, was gemacht werden musste.«

130 FIDES FREIFRAU VON MENTZINGEN

Die Bestätigung, dass ihre Arbeit sich lohnte, sind heute in gewisser Hinsicht ihre Kinder, die alle sehr selbstständig sind, eigene Berufe ausüben und teilweise im Ausland leben. Inzwischen hat sie auch 16 Enkel, die ihr alles bedeuten.

Kaum kommt sie darauf zu sprechen, leuchten ihre Augen, besonders als der Besuch der in Bürg lebenden vier kleinen Enkeltöchter angekündigt wird. Doch zuerst besuchen wir ihr Atelier. »Als meine Kinder aus dem Haus waren und mit der Übernahme durch meinen ältesten Sohn die Nachfolge des landwirtschaftlichen Betriebs geregelt war, schien die Zeit gekommen, für mich ein neues Betätigungsfeld zu suchen«,

Eingangshalle mit mittelalterlichen Hellebarden und Rüstungen

OBEN: Freifrau von Mentzingen
mit Enkelkindern
RECHTS: Im Stoffatelier

sagt sie und öffnet die Tür. Eine farbige Pracht leuchtet uns entgegen. Luftig bauschen sich die seidigen, in kräftig leuchtenden oder pastelligen Tönen schimmernden Stoffe aus teuersten Materialien. Dies ist die neue und inzwischen sogar sehr lukrative Leidenschaft der Schlossherrin. Immer schon habe sie eine Vorliebe für schöne Inneneinrichtung gehabt. Und jetzt, wo ihr Schloss instand gesetzt sei, könne man anderen bei der eigenen Raumgestaltung helfen. »Stoffe mit ganz wunderbaren Mustern und in herrlichen Qualitäten habe ich in Italien und Frankreich gefunden und fing mit dem Import von Stoffballen an.« Außer in den Sommermonaten ist sie das ganze Jahr über unterwegs, sei es auf Ausstellungen, wo sie ihre Kollektion anbietet, oder bei ihren Kunden, die sie individuell berät. Längst fertigt sie für einen großen Kundenstamm nicht nur Vorhänge an. Tischwäsche, Servietten und Hussen ergänzen ihr Angebot. »Und wenn die Enkelinnen kommen, dann schauen wir uns ganz genau die Kinderstoff-

Kollektion an«, meint sie lächelnd. Wer weiß, ob sie eines ihrer vielen Talente an die Nachkommenschaft weitergeben wird. Und als ob die Kinder diese Gedanken vernommen hätten, springt die Tür auf, und wie vier Wirbelwinde stürmen die Enkelinnen herein. Hinter ihnen ihre Mutter, die selbst gezogene Himbeeren und Erdbeeren dabeihat. »Es sind die Ersten, die wir geerntet haben«, sagt sie und holt einen Teller. Fides probiert und nickt anerkennend. »Die Himbeeren haben ein wunderbares Aroma, genau die richtige Sorte für den köstlichen Brand, den mein Sohn hier selber produziert«, sagt sie und entkorkt eine schmale Flasche mit klarer Flüssigkeit. Sofort breitet sich das unnachahmliche Aroma von reifen Himbeeren im Raum aus. Eine passende Ergänzung zu den sommerlichen Motiven ihrer aktuellen Stoffkollektion.

Nicola Dietzsch-Doertenbach
Schloss Lehrensteinsfeld

Nach Betätigung der Klingel an der schweren Eingangstür bewegt sich erst einmal nichts. Dann öffnet sich ein Fenster in der ersten Etage, und Nicola Dietzsch-Doertenbach winkt herunter. Kurz darauf ertönt ein lauter Ruf nach »Eugen!«. Ob das der Butler ist, fragt man sich. Im gleichen Moment wird die Tür geöffnet, und Eugen schießt mit lautem Gebell am Besucher vorbei. Der graubärtige Jack Russell ist hier der heimliche Schlossherr und entsprechend seinem Stande auch über die Grenzen des Parks hinaus dorfbekannt. »Sein Temperament gleicht dem unseren«, sagt die Schlossherrin, »er ist neugierig und ständig in Bewegung.« Das lässt aufhorchen.

Die große Eingangshalle öffnet sich zu einem Raum mit gläserner Tür, die den Blick auf die Gartenterrasse freigibt. Auf einen Blick erfährt der Besucher so die riesige Breite des Schlosses. Von diesem zweiten Raum aus führt wiederum ein großer Durchbruch zum Treppenhaus, und dort entdeckt man überrascht eine Rarität: Von der obersten Decke des dreigeschossigen Treppenhauses bis hinunter in das Erdgeschoss hängt ein gewaltiger Glasleuchter aus Murano. In seinen weißen Armen und Schalen fangen sich silbrig schimmernd die Strahlen der Sonne. Wie mag dieser prachtvolle Leuchter erst abends bei Dunkelheit glitzern. »Als wir das Schloss übernahmen, haben wir viele Dinge erneuert. So auch die kompletten elektrischen Leitungen. Die Kabel stammten aus den Anfängen der Elektrifizierung und waren teilweise komplett marode. Verschiedene Beleuchtungskörper funktionierten auch nicht mehr.« Kurzentschlossen sei sie mit ihrem Mann, Maximilian, nach Venedig gefahren und habe dort verschiedene Lampen und Kronleuchter erstanden, dem Stil und der Farbgebung einzelner Räume entsprechend. Die Anbringung des Lüsters im Treppenhaus war allerdings mehr als

Vorhergehende Doppelseite,
links: Salon im Stil der Königin Olga aus Russland
Oben: Der prächtige Lüster wurde in Murano eigens für Schloss Lehrensteinsfeld angefertigt
Rechts: Zimmerflucht durch diverse Salons

kompliziert. So musste ein Spezialist eigens aus Murano anreisen, um die vielen Arme und Schalen vorsichtig zu montieren. Im ersten Stock führt ein Gang zu einem gemütlichen Salon, der ganz nach dem Geschmack der Hausherrin eingerichtet ist. Über der Rückenlehne eines modernen Sofas liegt locker eine helle Wolldecke. Ein Flachbildschirmfernseher steht in der Ecke, und auf Beistelltischen sind verschiedene Zeitungen, Zeitschriften und offene Bücher verstreut. Auf einem bemalten Tablett steht ein silbernes Kaffeeservice mit süßen Spezialitäten der Region.

Nicola Dietzsch-Doertenbach ist Tochter eines Diplomaten, was zur Folge hatte, dass sie als Kind und Jugendliche mit ihren Eltern alle paar Jahre umzog. Kaum hatte sie sich eingelebt, mussten Schulen und Freunde wieder aufgegeben werden. Fragen nach ihrer Herkunft, ihren Interessen und ihren Vorlieben empfindet sie immer noch als unangenehm und erklärt: »Stets war ich die Neue, die sich vor allen Kindern in der Klasse erklären und über ihre Interessen definieren musste. Das habe ich gehasst.« Und doch hat sich dieser Lebenswandel positiv auf ihren Charakter ausgewirkt. Sie stellt sich leicht auf neue Situationen ein.

Gedankenverloren streicht sie über den Einband eines kleinen ledergebundenen Buches. Wie hat die moderne Weltenbummlerin das Leben auf einem Schloss empfunden, fragt man sich. Haben die Vorgänger hier Traditionen und Bräuche hinterlassen, die auf sie befremdlich wirkten? Um ihre Antwort zu untermalen, öffnet Nicola das Büchlein in ihrer Hand und deutet auf die verwitterten Seiten. Es handelt sich um eine Abhandlung über das kaufmännische Studium aus dem 18. Jahrhundert. »Ich fand dieses Buch von 1780 unter uralten Zeitungen und Magazinen beim Durchstöbern des Speichers«, sagt sie und zeigt auf die vielen handschriftlichen Fragen und Bemerkungen, mit denen die Ränder versehen sind. »Die Kommentare ähneln denen heutiger Studenten, besonders die spitzen Bemerkungen über unbeliebte Dozenten. Es gibt

Wandbespannung mit illusionistischer Landschaftsmalerei aus der zweiten Hälfte des 18. Jahrhunderts

meines Erachtens keine großen Unterschiede zwischen Menschen damals und heute, und die früheren Bräuche und Traditionen kann man abwandeln und weiterführen. Sie schenkt sich eine Tasse Kaffee ein und nimmt dazu ein Stück Zucker aus dem silbernen Behälter. Ich habe anhand der hier gefundenen Gegenstände viel über die Gewohnheiten früherer Eigentümer gelernt. So kann man etwa am alten Silber erkennen, wann die wirtschaftlichen Zeiten gut waren. Dann umgaben sich die Vorfahren mit schweren und reich verzierten Silbergegenständen. Und eine einfache Silberdose wie diese entstand in sparsamen Zeiten: »Sie ist leicht und hat dünne Wände und zeigt keinerlei verzierende Ornamente.« Ein Rundgang wird erklären, wie man durch die Betrachtung der Einrichtung und der Räume des Schlosses mehr über dessen Geschichte lernt.

Nicht gleich nach ihrer Eheschließung 1977 zog Nicola Dietzsch-Doertenbach mit ihrem Mann nach Lehrensteinsfeld. »Das Schwabenland war mir durch die Herkunft meiner eigenen Familie vertraut, und auch das Leben im Schloss war mir nicht fremd, da ich meine Sommerferien regelmäßig mit meiner Großmutter in einem Palazzo im Bergell verbrachte.« Doch nach all den Wanderjahren hatte sie sich gewünscht, mit der eigenen Familie in einem großen Haus auf dem Land zu leben – aber nicht in einem so großen Schloss wie diesem hier, dessen genaue Quadratmeterzahl sie nur schätzen kann: »Bei der Anzahl und den vielen Zimmern möchte ich auch gar nicht darüber nachdenken!« Eine Tante ihres Mannes bewohnte diese Räume vor ihnen vollkommen allein. Als sie anfangs in das Verwalterhaus zogen, unterstützte das Ehepaar die alte kranke Dame – und übernahm dabei immer weitere Aufgaben. Nach dem Tod der Tante musste man überlegen, wie man die Ländereien, die bis dahin hauptsächlich dem Obstanbau dienten, nutzen konnte. Schnell kam der gemeinsame Entschluss, den Obstanbau zu modernisieren und die verpachteten Weinberge wieder selbst zu kultivieren. Inzwischen war das erste Kind, Mary, geboren. »Mein Mann arbeitete in Frankfurt als Banker, und ich kümmerte mich um die Belange des Weinguts«, erzählt Nicola. »Learning by doing« war damals ihr Motto, und sie hatte Erfolg damit. Heute stehen die Weinreben der Sorten Riesling, Spätburgunder, Lemberger und Trollinger auf den besten Südlagen Lehrensteinsfelds. Seit einigen Jahren schon kümmern sich ein Kellermeister um den Ausbau und die Vermarktung und ein Gutsverwalter um den Anbau der Obstsorten. Längst wohnt die Familie nicht mehr ausschließlich auf dem Schloss. Mit der Geburt des Sohns 1982 entschloss sich die Familie, nach Frankfurt zu ziehen. Lehrensteinsfeld wurde zum Wochenenddomizil, denn die Schulen der Kinder und der Beruf des Ehemanns hatten oberste Priorität. »Die Kinder liebten das Leben hier«,

Front des Schlosses im
klassizistischen Stil

Die Orangerie

erzählt sie und erinnert sich lächelnd, »Mary so sehr, dass sie ein leeres Marmeladenglas zuschraubte und nach Frankfurt mitnahm, um Lehrensteinsfelder Luft immer bei sich zu haben!«

Der Rundgang führt ins kleine Esszimmer, in dem über zwanzig Personen am Esstisch Platz finden. Im großen Salon, der ebenfalls als Essraum dient, beeindrucken die Holzgitter an den Wänden, die aussehen, als ob sich hinter ihnen schamhafte Haremsdamen verbergen könnten. »Wozu die Holzgitter dienten, weiß ich immer noch nicht, vielleicht nur als modisches Beiwerk«, erzählt Nicola. »Der Bau des Schlosses vollzog sich in verschiedenen Phasen. Es erstreckt sich auf drei Etagen und ist in etwa vierzig Meter lang und fünfzehn Meter tief.« Anhand dieser Dimension versteht man das Unbehagen der Hausherrin, sich den riesigen Umfang ihres Eigenheims an realen Zahlen vor Augen zu führen. »Vermutet wird ein erster Bau im Mittelalter, dessen Spuren man noch im großen tonnengewölbten Keller finden kann. Er bietet die idealen Bedingungen zur Lagerung unseres Weins.« Der östliche Teil des Baus, der etwas mehr als ein Drittel der Gesamtlänge einnimmt, ist ein einheitlicher Neubau, und zwar vom Keller bis zum Dach, und stammt aus der Zeit zwischen 1585 und 1600. Er verlängert den Giebelbau, der wiederum im Keller und im Erdgeschoss die ältesten Bauteile verbindet. Unterschiedliche Außenfassaden heben die komplizierte Baugeschichte hervor. Auch wenn man bei der Ansicht der Vorderfront ein klassizistisches Haus erwartet, wird man im Park von einer perfekten Renaissancegiebelfront überrascht. »Seit 1880 gehört das Schloss der Familie meines Mannes, die diesen Salon üppig im damals in Württemberg verbreiteten Stil der Königin Olga aus Russland ausschmückte.« Üppig trifft zu, denkt der Besucher schweigend beim Betrachten des Raumes. Schwere dunkelblau-goldene Seidenvorhänge hüllen alles in ein schummriges Licht. Die opulent mit vielen Schnitzereien verzierte Decke, die Gobelins an den Wänden, die vielen Goldspiegel, Konsoltische und schließlich der ausladende Kristalllüster... »Es hat mich anfangs auch erschlagen«, unterbricht Nicola schmunzelnd das Staunen. »Ich habe das ganze Originaldekor aber so gelassen, wie ich es vorfand. Und inzwischen finde ich diesen Raum so außergewöhnlich, dass ich ihn für Familienfeste und Feiern wieder ausgesprochen gern nutze.« Durch ein weiteres Treppenhaus gelangt man in den Park. Von kleinen Buchsbäumchen umgebene Beete bilden einen eigenen Vorgarten für die Orangerie aus dem 18. Jahrhundert. »Hier würde ich gern einmal leben«, sagt Nicola und deutet auf das Schloss. »Übersichtlicher wäre es sicher, aber bis es so weit einmal ist, gibt es dort noch viel zu tun.«

ückansicht des Schlosses in
pischen architektonischen Formen
er Renaissancezeit

Tatjana de la Valette
Schloss Auel

Ein weicher Läufer, in dem die französische Lilie eingearbeitet ist, bedeckt die Holztreppe, die vom Eingangsflur des Schlosses direkt hinaufführt in den ersten Stock – zu Napoleons Zimmer. Hier hat der Feldherr genächtigt, als er 1811 seine Truppen im Rheinland inspizierte. Die Treppe allerdings hat er nie betreten: »Sie ist von den englischen Besatzungstruppen nach dem Zweiten Weltkrieg hier eingebaut worden«, erzählt die Schlossherrin und Leiterin des Hotels, Tatjana de la Valette St. George. Damals nutzten die Engländer das Haus als Headquarter und bauten in jedes der oberen Zimmer ein Bad ein. Mit dieser Maßnahme schufen sie die Grundlage für den heutigen Hotelbetrieb. »Als sie abzogen, sollte mein Vater eine große Geldsumme als Entschädigung für die Umbauten bezahlen«, erinnert sich Tatjana. Das konnte er nicht und forderte stattdessen, die Engländer möchten den Ursprungszustand wiederherstellen. »Dagegen waren wiederum die Engländer.« Ein geschickter Schachzug. So wur-

Blick in die Barockkapelle

den die Einbauten gerettet, die dem Haus seinen Erhalt bis weit in die Zukunft sicherten.

So wie über diesen Umweg das noch vom Vater privat bewohnte Schloss einer wirtschaftlichen Nutzung zugeführt und öffentlich zugänglich wurde, so kam auch Tatjana de la Valette erst über Umwege dazu, das Hotel zu leiten. »Nie hätte sich mein Vater träumen lassen, ein Mädchen könne den Betrieb übernehmen«, erzählt sie – und schon gar nicht die zweitjüngste von drei Schwestern. Mit neun Jahren schickten die Eltern Tatjana in ein katholisches Nonnenkloster am Bodensee.

Die Zeit dort hat sie als glücklich in Erinnerung, ihre Kinder aber – so räumt sie ein – würde sie in so jungen Jahren niemals so weit fortschicken. Mit 17 Jahren zog sie mit ihrer Mutter und ihren beiden Schwestern nach Hamburg, besuchte dort das katholische Mädchengymnasium, die Sophie-Barat-Schule, und heiratete ein Jahr vor ihrem Abitur in Las Vegas. Als ihr ältester Sohn zwei Jahre alt war, zog es sie von der Stadt zurück in ihre Heimat aufs Land. Hier sollten die Kinder frei und glücklich groß werden, so wie sie es erlebt hatte.

»Wir wohnten früher in einem Haus neben dem Hotel«, erzählt sie. Doch das Schloss war für sie und ihre Schwestern immer zugänglich und wurde als besonderer Spielplatz auch regelmäßig genutzt. Besonders beliebt war die barocke Kapelle, wo die kleinen Mädchen mit einem Tischtuch als Brautschleier nach dem Vorbild der vielen dort stattfindenden Hochzeiten ihre eigenen kleinen Vermählungen inszenierten. »Die Azubis mussten als Bräutigam herhalten.« Tatjana zeigt auf den Altar mit dem vergoldeten Abbild des heiligen Nepomuk. Zurzeit der Reformation wurde die Gegend um Schloss Auel evangelisch. Um den verbliebenen Katholiken Gottesdienste zu ermöglichen, erklärt sie, wurde die Kapelle ungewöhnlich groß angelegt. Die vielen Hochzeiten brachten dem Schloss den Beinamen »das Hochzeitsschloss« ein.

Der Vater und in frühen Jahren insbesondere auch die Mutter Giselle führten das Hotel alleine, ohne eine der Schwestern an die Aufgaben heranzuführen. Als der Vater 1990 unerwartet starb, wurde Tatjanas idyllisches Landleben jäh unterbrochen.

Sie selbst war damals 27 Jahre alt und – wie sie sagt – ohne Vorstellung von dem, was auf sie zukommen würde.

Früher, als sie mit dem Vater über die Anlage eines Golfplatzes sprach, hatte dieser nur abgewunken. Seiner Meinung nach war es unmöglich, hier einen Golfplatz zu bauen. Dieses Urteil habe sie zunächst nie infrage gestellt. Trotzdem hätte sie der Gedanke nicht losgelassen. Es klingt etwas wehmütig, wenn sie später schildert, dass die Genehmigung des Baus der 27-Loch-Anlage ihr erster wirtschaftlicher Erfolg war. »Ich halte immer noch Zwiegespräche mit meinem Vater und wünsche mir oft, er hätte dies miterleben können.«

Doch das alles kam viel später. Zuerst sah sich die junge Frau mit einem Berg von Problemen konfrontiert. Die Frage, ob ihr je in den Sinn gekommen wäre, das Erbe auszuschlagen, verneint sie vehement. »Ich habe mich dem Lebenswerk meines Vaters

Das Napoleonzimmer

verpflichtet gefühlt.« Einfach war das aber wohl nie. Erst nach eingehender Beratung mit dem Patenonkel ihres Sohnes, der selbst einen Golfplatz in Bayern betreibt, habe sie sich stark genug gefühlt, ihrer inneren Stimme nachzugeben. In nur drei Jahren überzeugte sie die verschiedenen Behörden, und der Golfplatz konnte 1995 von Kurt Rossknecht geplant werden. »Ich hatte Glück«, meint sie heute. Sicher aber war es auch ihre Energie und eine unermüdliche Durchsetzungskraft, die zu diesem Erfolg führte. Das heutige Golf- und Schlosshotel Auel stammt ursprünglich aus dem 14. Jahrhundert. In der Barockzeit erhielt die ehemalige Wasserburg ihre heutige dreiflügelige

Das Chinesische Zimmer

RECHTS: Der Eunuchenstuhl

Gestalt. 1818 ging sie durch die Heirat der Erbin Franziska von Broe mit Marquis Philippe de la Valette St. George in dessen Besitz über. Die dem französischen Uradel entstammende Familie nennt als ihren berühmtesten Spross den Großmeister des Johanniter- und späteren Malteserordens, Jean Parisot de la Valette. Er verteidigte 1565 die Insel Malta erfolgreich gegen den Angriff der Türken unter Süleyman II. Ihm zu Ehren wurde die von ihm gegründete und zum Großteil erbaute und befestigte Hauptstadt Maltas La Valetta genannt. Auf seinem Grabmal heißt es: »Er war der Schutzschild Europas.« Zwei der von Tatjana de la Valette mit viel Liebe zum Detail eingerichteten Hotelzimmer erinnern an diesen Helden. So zum Beispiel das Türkenzimmer mit den vielen orientalischen Details. Ein Stuhl mit Perlmuttintarsien stand, wie sie sagt, in einem Harem. »Auf ihm saß der Eunuch und wachte über die Damen.«

Auch die Großmeister-Suite ist Jean Parisot de la Valette gewidmet. »Er war nicht nur der Einzige, der Süleyman den Prächtigen besiegte. Er triumphierte auch über den gefürchteten Piraten Turgut Reis, Dragut genannt.« Dieser war für seine Grausamkeiten bekannt und hatte auf seiner Heimatinsel Djerba eine Pyramide aus 5000 Schädeln besiegter Spanier errichtet. Erst 1880 wurde diese von den Franzosen abgebaut. In der Großmeister-Suite finden sich viele Stiche, die an die von Jean Parisot erfolgreich geführten Schlachten erinnern.

Ein weiteres Zimmer trägt den Namen von Kaiser Wilhelm. Auch er pflegte hier zu übernachten. Sein ältester Sohn, Kronprinz Friedrich Wilhelm, studierte bei Tatjanas Ururgroßvater, Adolph Marquis de la Valette St. George, der Mitte des 19. Jahrhunderts Geheimer Medizinalrat und Dekan der Bonner Universität war. Doch der Kaiser hatte etwas gegen einen Franzosen als Dekan einer deutschen Universität. Der Titel eines Marquis sei, so der Kaiser, nicht vergleichbar mit dem eines deutschen Grafen. Auf die Frage Adolphs, was sich der Kaiser nun vorstelle, erhielt er ein recht ungewöhnliches Angebot: Er könne gegen Bezahlung einer angemessenen Summe in den Grafenstand erhoben werden. Der freiherrliche Titel sei indessen mit keinerlei Kosten verbunden. Adolph entschied sich pragmatisch für die kostengünstigere Version, wobei seiner Familie noch eine Einschränkung auferlegt wurde. Nur die erstgeborenen männlichen de la Valettes, die auf Schloss Auel lebten, durften sich fortan Freiherren nennen. Für Tatjana kein nennenswertes Problem, tummeln sich doch in ihrer Familie viele Namen aus glanzvoller Vergangenheit. »Hier sieht man meine Urgroßmutter Gabrielle Hergersberg de Loyauté in ihrem Hochzeitskleid«, sagt sie und zeigt auf ein lebensgroßes Gemälde im Gobelinsaal, der heute für Tagungen und Festivitäten genutzt wird. »Dort hängt ein weiteres Bild von ihr in einem eleganten Kleid aus roséfarbener Seide.« Gabrielle kam aus dem mondänen Paris in die rheinische Provinz und fühlte sich nie wohl. »Mein Urgroßvater Otto«, Tatjana zeigt auf das Bild eines grimmig dreinblickenden Herrn mit Schnurrbart in der Uniform eines Rittmeisters der Ulanen, »war eher vierschrötig und derb. So erzählt man sich, er habe bei Einladungen immer die Köpfe vom Spargel selber gegessen und seinen Gästen den Rest serviert.« Gabrielle habe bald das weltoffene Hotel Beau Rivage am Genfer See vorgezogen, um sich erst nach dem Tod von Otto als ältere Dame in Auel niederzulassen. »Von ihr haben meine Schwestern die blauen Augen und auch ihre vornehme Schönheit«, sagt Tatjana.

Von vielen weiteren historischen Begebenheiten in Schloss Auel weiß Tatjana zu berichten. So zum Beispiel auch, dass Zar Alexander I. auf seiner Reise von Russland nach Paris zum Abschluss der Heiligen Allianz im Jahre 1815 hier Station machte. Doch lebt das Schlosshotel nicht nur von den klingenden Namen gekrönter Häupter, die hier residierten. Schloss Auel hat den Sprung in die Moderne gewagt. Ohne die tatkräftigen Entscheidungen und den Mut der jetzigen Erbin wäre dies kaum gelungen. Bescheiden winkt sie ab. »Auel verzaubert die Menschen, das muss an den alten Mauern liegen.« Und sie verweist ausdrücklich auf die großzügige Unterstützung durch ihren zweiten Mann: »Ohne ihn wäre vieles nicht möglich gewesen.« Nach ihrem

Leitmotto gefragt, zitiert Tatjana den großen Denker Voltaire, der sagte: »Wir sind nicht nur verantwortlich für das, was wir tun, sondern auch für das, was wir nicht tun.« Und diesem spürbaren Pflichtgefühl, aber auch der großen Freude, mit der Tatjana de la Valette ihr Anwesen leitet, ist es zuzuschreiben, dass sich Mitarbeiter und Gäste hier gleichermaßen wohlfühlen. Ob der kleine Sohn, der noch zur Schule geht, die Tochter, die möglicherweise Hotelfach studieren möchte, oder der älteste Sohn, der seit zwei Jahren in London lebt und arbeitet, die Erfolgsgeschichte weiterführen, steht noch offen. Sicher ist jetzt schon, dass sie von ihrer starken Mutter irgendwann ein einzigartiges Zuhause mit einer unverwechselbaren Atmosphäre erben werden.

Die Bibliothek

Adelheid von der Schulenburg
Schloss Ehreshoven

Vision – das Leben der Hildegard von Bingen« ist der Titel einer DVD auf ihrem Schreibtisch. Genau wie Adelheid von der Schulenburg war Hildegard Äbtissin, doch entspricht Erstere in keiner Weise dem landläufigen Bild einer Klosterfrau. Seit sieben Jahren leitet sie das katholische Damenstift in Schloss Ehreshoven – eine Form des betreuten Wohnens für alleinstehende adelige Damen. Wie alle Damen lebt sie in einer eigenen Wohnung im Schloss und ist zuständig für das Wohlergehen ihrer Schützlinge ebenso wie für alle anderen Belange des Hauses, wobei sie von einem Kurator unterstützt wird.

Am Ende des 13. Jahrhunderts wurde Ehreshoven erstmals als Lehen der Abtei Siegburg erwähnt und der Hof Ehreshoven von der Abtei an Wilhelm von Troisdorf erblich verliehen. 1355 wurde Arnulphus de Graschap mit dem Lehen betraut. Als dessen Tochter Wilhelm von Nesselrode 1387 ehelichte, brachte sie Ehreshoven mit in die Ehe. Seit dieser Zeit ist die Anlage in Familienbesitz. Die letzte in der direkten Erbfolge, die noch den Familiennamen trug, war Marie Gräfin von Nesselrode, die 1920 kinderlos verstarb. Sie vermachte Ehreshoven der Rheinischen Ritterschaft mit der Auflage, hier ein Stift für katholische und bedürftige ledige Damen aus dem Adel einzurichten. Viele der alleinstehenden Damen waren damals im sozialen Bereich tätig, als Erzieherinnen oder in der Alten- und Krankenpflege, vor allem in der eigenen oder in befreundeten Familien. Meist erhielten die Damen als Gegenleistung freie Kost und Logis und keinen Lohn, geschweige denn eine Versicherung oder eine Rente. So waren viele im Alter mittellos. Für sie war die Einrichtung dieses Stiftes gedacht, das 1952 als mildtätige Stiftung staatlich anerkannt wurde.

Adelheid ist in ihrem Amt seit Gründung der Stiftung die siebte Äbtissin und in dieser Folge die erste, die nicht dem katholischen Glauben angehört. Es scheint eine besondere Herausforderung, als Protestantin ein katholisches Damenstift zu leiten. »Das Zusammenleben funktioniert«, sagt Adelheid, »durch gegenseitige Akzeptanz und Toleranz!«

Am Springbrunnen im Schlosspark entdeckt man, dass es in diesem Stift noch einiges gibt, das vielleicht nicht ganz den üblichen Vorstellungen vom Leben älterer

OBEN: Adelheid von der Schulenburg im Schlosspark
RECHTS: Barockskulptur um 1779 in der französischen Gartenanlage

Stiftsdamen entspricht: Die im Brunnen liegende Luftmatratze weist darauf hin, dass sich dieser hervorragend als Swimmingpool eignet und von den Damen gern genutzt wird.

»Durch die Arbeit mit den alten Menschen ist es mir erst hier wieder erneut bewusst geworden, wie sehr das Leben letztendlich ein immer wiederkehrender Kreislauf ist.« Diese Aussage steht wie ein Motto über dem Lebenslauf Adelheids von Schulenburg. Als Jüngste von vier Geschwistern wuchs sie auf dem landwirtschaftlichen Gut des Vaters bei Bremerhaven auf. Die Mutter starb kurz nach ihrer Geburt, und der Vater hatte die alleinige Verantwortung für die Kinder. Offizier in beiden Weltkriegen und geprägt von neun Jahren Dienst als Adjutant des Reichspräsidenten von Hindenburg, waren seine Erziehungsmethoden in den Sechzigerjahren eher unzeitgemäß. Doch seine große Menschlichkeit, die Verlässlichkeit und stetige Fürsorge hat die Geschwister zutiefst geprägt. »Er hat die Tradition unserer Familie im besten Sinne vorgelebt und versucht, diese auch in schwierigen Nachkriegszeiten als Selbstverständlichkeit an uns weiterzureichen. Je lebenserfahrener ich werde, umso mehr bin ich ihm dankbar für diese Prägung.« Auf dem Lande hatten die Kinder viele Freiheiten und wuchsen zu selbstbewussten Individuen heran. »Ich war eine wunderbare Puppenmutter«, erinnert sich Adelheid und begann später eine Ausbildung zur Wochenpflegerin in der Uni-Frauenklinik München. Es folgte ein Jahr bei einer deutsch-amerikanischen Familie, bevor sie eine Arzthelferinnenschule besuchte. Als der alleinerziehende Bruder mit Drillingen sich hilfesuchend an sie wandte, zog sie spontan für einige Jahre nach Hamburg. Die Kinder wuchsen ihr wie eigene ans Herz, jedoch bemühte sie sich bewusst darum, nicht vollkommen in der Mutterrolle aufzugehen. »Als mein Bruder erneut heiratete, zog ich nach Washington.« Die Freundin und Ehefrau eines deutschen Offiziers lebte hier und war als Deutschlehrerin für amerikanische Soldaten tätig. Der damalige deutsche Botschafter, Rolf Pauls, war allerdings strikt dagegen, dass Offiziersehefrauen beruflich tätig waren. Sie sollten sich nach seinen Vorstellungen mehr um Pakete für die Soldaten im Vietnamkrieg und weniger um die eigene Karriere kümmern. So wurde diese Stelle frei, Adelheid übernahm, und aus einem geplanten sechswöchigen Besuch wurde ein zwölfmonatiger Aufenthalt. Dann stellte sie fest, dass ihr eigentlicher Beruf ihr doch immer noch wichtiger war als alle anderen Herausforderungen, und sie kehrte nach Deutschland zurück, um sechs Jahre als Arzthelferin in Hamburg zu arbeiten. 1986 kam die berufliche Wende. »Ich gründete das Lippesche Palais als Stätte individuell zugeschnittener Gastlichkeit und führte es 18 Jahre in Eigenverantwortung.« Mit dem Umzug der Bundeshauptstadt von Bonn nach Berlin blieben ihre Stammgäste, Diplomaten und Beamte der Ministerien, aus, und das Palais wurde verkauft. »Und jetzt schloss sich der Kreislauf des Lebens«, sagt Adelheid und unterbricht kurz ihren Bericht. Im Esszimmer der Stiftsdamen hat eben der Gong die Mittagszeit angekündigt, und alle 13 Damen kommen zusammen, um mit ihr zu essen. »84 ist hier das Durchschnittsalter«, charakterisiert Adelheid die rüstige Runde mit einem kleinen Augenzwinkern. »Als ich beim damaligen Ritterhauptmann ein Vorstellungsgespräch hatte«, erzählt sie, »wurde ich nach meinem beruflichen Werdegang befragt. Dass ich einmal einen gastronomischen Betrieb geleitet hatte, war sicher hilfreich – ausschlaggebend jedoch war der pflegerische Beruf. Als ich sagte, ich sei Pflegerin von Wöchnerinnen gewesen, bekam ich sofort den Zuschlag!«, lacht Adelheid und fügt sogleich hinzu: »Wie früher muss ich mich auch hier gelegentlich mit großer Willensstärke

Das Esszimmer mit Ledertapeten aus norditalienischer Manufaktur, um 1780

durchsetzen.« Am Mittagstisch mit den Damen gibt sie sogleich klare Anweisungen: Medikamente müssen eingenommen werden, und alle werden zum Trinken animiert. Ob schwerhörig oder vielleicht auch ein bisschen vergesslich: Jede der Damen versteht sehr genau, was Adelheid möchte, und sie werden alle mit Respekt und Entgegenkommen behandelt. »Ich liebe es, das Leben für sie schön zu gestalten.« Das sieht man nicht nur am liebevoll gedeckten Tisch mit Fingerschalen, farbigen Leinensets und bunten Blumen. »Wenn das Budget es erlaubt, lasse ich Möbel neu beziehen und gestalte gelegentlich mit dem Kurator die Räume und Säle um. Schließlich sollen die Damen sich hier wie zu Hause fühlen.« Darauf unterbricht die älteste der hier wohnenden Damen: »Früher haben wir im alten Esszimmer gegessen, dort zierte jeden Stuhl das Wappen einer der Ehefrauen der Eigentümerfamilie.« Allerdings hätten die

Rechts: Detail der Ledertapete
Rechts unten: Detail
eines Wappenstuhls aus dem
18. Jahrhundert

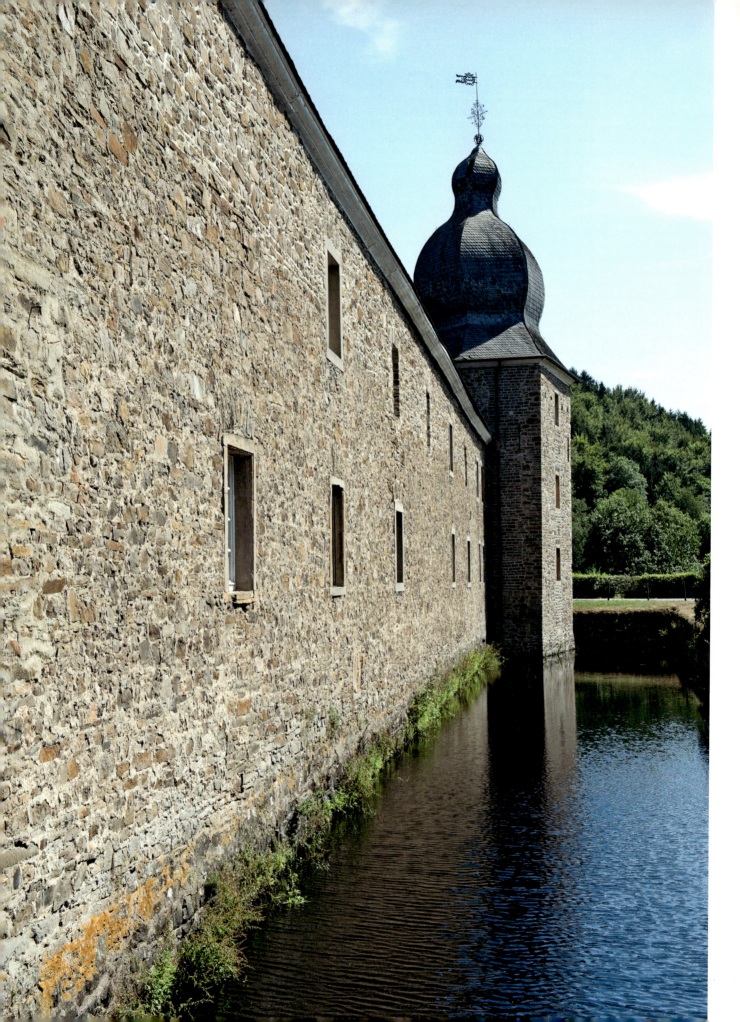

Die Schlossmauer mit dem Blick zum westlichen Tal

wertvollen Ledertapeten im Laufe der Zeit derart gelitten, dass der Raum heute nur für besondere Angelegenheiten genutzt wird. Hier werden oft Hochzeiten oder Bälle ausgerichtet, und der wunderbare Ort dient auch als Filmkulisse.

Nach dem Mittagessen wird ein Eiskaffee auf der Terrasse angeboten, und die Damen sprechen über frühere Zeiten und über die Vorgängerinnen im Amt der Äbtissin. »Eine war dabei«, sagt mir eine drahtig wirkende kleine Frau, die früher als Jockey Pferderennen ritt, »die war ziemlich streng.« Aber das war manchmal auch nötig. Eine Bewohnerin sei dem einen oder anderen Schnaps nicht abgeneigt gewesen. »Die Äbtissin hat ihr das aus gesundheitlichen Gründen verboten, doch nicht mit ihrer Schläue gerechnet!« Mit dem Eierlieferanten hatte sie ein geheimes Abkommen. »Kam er auf den Hof gefahren, ließ sie geschwind ein Körbchen an einem Seil aus ihrer Wohnung im zweiten Stock herunter, und er legte die Flasche hinein.« Heute sind solche Versteckspiele nicht mehr nötig. »Ich lade die Damen gelegentlich gern zu mir abends ein. Dann koche ich für sie, oder wir trinken einfach ein Glas Wein und reden wie Freundinnen miteinander.« Bei allem Frohsinn: Der Tod ist ein stets präsentes Thema. »Die Damen sind in der letzten Etappe ihres Lebens angekommen. Und wenn es zum Abschied kommt, sollte dieser würdevoll gestaltet werden. Nach der Beerdigung sitzen wir alle bei mir in der Wohnung, und so fühlt sich keine mit ihrer Trauer alleingelassen.« Das Leben in Ehreshoven ist erfüllend. »Kein Tag ist wie der andere«, sagt die pragmatische Frau. »Ich möchte die einmal begonnene Aufgabe als Äbtissin so lange wie möglich und bis zum Ende erfüllen.« Man spürt, wie eng die Bindung an »ihre« Damen ist. Obwohl sie gelegentlich zur Verschlossenheit neigt und manchmal auch streng sein kann, ist dies mehr das Resultat ihrer preußischen Erziehung und ihres norddeutschen Temperaments. »Mein Ziel ist es, dazu beizutragen, das wunderschöne Anwesen Ehreshoven zu erhalten. Das kann ich am besten, indem ich ein gutes Verhältnis zur Ritterschaft, zum Kurator und zu den Mitarbeitern des Stiftes pflege und in offener Kommunikation mit den Damen für Harmonie sorge.« Als Unternehmerin, Managerin und Schlossherrin im wörtlichen Sinne erfüllt sie alle Voraussetzungen, um dieses Ziel zu erreichen.

Heide Prinzessin von Hohenzollern
Schloss Namedy

Die alte Kastanienallee verläuft schnurgerade vom Rhein hinauf zum Schloss Namedy. Genauso geradlinig erscheint einem Prinzessin Heide von Hohenzollern, die an diesem Ort Schritt für Schritt ihr Lebenskonzept erfolgreich umsetzt. Als sie als junge Frau 1968 »ihren Prinzen« in München kennenlernt, ahnt sie noch nicht, dass ihr Schicksal sie einst zur Wasserburg Namedy bei Andernach führen wird.

In der Eingangshalle verbreiten in Marmor gefasste Säulen und Jugendstilwandleuchter mit dem Hohenzollernwappen eine großzügige, gediegene Atmosphäre. Ein rundes Marmorbild, das die »Madonna mit Kind« zeigt, ist in die Wand eingelassen. Offensichtlich ein sehr persönliches Zeugnis von Andacht und Glaube aus vergangenen Zeiten. Der anliegende, in kräftigem Rot gehaltene Rittersaal erstreckt sich über zwei Etagen und wirkt mit seinen beiden Kaminen alles andere als kalt. Obwohl das Denkmalamt mit dieser Farbe anfangs Probleme hatte – der Saal sollte dunkler werden –, setzte sich Heide von Hohenzollern durch. Sie befürchtete, dass die Atmosphäre viel zu drückend werden würde, und ließ den Raum kurzerhand nach ihren Empfindungen streichen. »Beim nächsten Besuch wurde das Amt vor vollendete Tatsachen gestellt«, lacht sie heute, »und sie gaben mir dann tatsächlich wenn auch zögerlich recht!«

Das Leben von Heide von Hohenzollern ist geprägt von der Musik. Heute beschäftigt sie sich intensiv mit der Organisation von Konzerten im Haus, aber Musik bestimmte schon lange ihr Leben. Sie war die wichtigste Gemeinsamkeit zwischen ihr und Prinz Godehard. Hier im Rittersaal fanden die ersten Konzerte statt, damals noch im eher tristen und grauen Ambiente. »Jetzt unterstreicht die strahlende Farbe das kreative Fluidum des Hauses«, sagt die Prinzessin und erzählt gleich die nächste Anekdote. Auf der Brüstung der Galerie sieht man einen präparierten Lämmergeier mit weit ausgebreiteten Flügeln. »Bei einer Führung muss er einem meiner Gäste aufgefallen sein«, sagt sie, »denn kurz darauf kam eine Anzeige vom Tierschutzbund mit der Aufforderung, unverzüglich den Namen des Jägers und dessen Wohnsitz anzugeben.« Dem kam sie bereitwillig nach und nannte Prinz Carl-Anton von Hohenzollern. Die Nachforschungen waren erwartungsgemäß schwierig. »Das Amt beschuldigte mich sogar, zu lügen. Dabei war alles richtig«, meint sie mit unschuldigem Unterton. Prinz Carl-Anton war allerdings bereits 1919 verstorben und standesgemäß in die Familiengruft derer von Hohenzollern überführt worden.

Carl-Anton war es auch, der die einst noble Wasserburg 1907 erwarb und in die Familie derer von Hohenzollern einbrachte. Nach seiner Eheschließung mit Prinzessin Joséphine von Belgien zog er nach Namedy. Ihr zuliebe ließ er den prächtigen Spiegelsaal als Ballsaal anbauen. »Joséphine zog ja mit ihrem gesamten Hofstaat hierher.« Viele Zeugnisse der belgischen Prinzessin finden sich heute auf dem ganzen Anwesen.

Ostfassade des Schlosses aus dem 18. Jahrhundert

Blick in den Rittersaal aus dem 19. Jahrhundert

So war sie es auch, die die Darstellung der Madonna mit Kind in der Eingangshalle einbauen ließ. Im Wald errichtete sie Teehäuser, um sich dort mit ihren Hofdamen zu fröhlichen Picknicks im Sommer zu treffen. Was heute Naturpark ist, war zu ihren Lebzeiten ein Rosengarten mit Bänken zum Verweilen. Nach dem Tod ihres Mannes 1919 gründete sie ein Kloster in Namur, wohin sie sich zurückzog und 1965 starb. Ihre Porträts, als Braut und als Klosterfrau, sind im Schloss noch heute zu sehen.

Der Spiegelsaal allerdings wurde nie wie geplant genutzt. Der Ausbruch des Ersten Weltkriegs verhinderte fröhliche Tanzabende, und Joséphine wandelte ihn kurzerhand in ein Lazarett um. In einem Fotoalbum kann man diese erstaunliche Einrichtung noch heute bewundern. »Und die Betten gibt's auch noch«, erzählt Prinzessin Heide. »Ich habe einige auf dem Speicher gefunden, neu gestrichen und in einem der Gästezimmer aufstellen lassen.« Ganz im Stil aller Räume in Namedy, die, wie sie sagt, wiederbelebt wurden und sinnlich erfahrbar ihre eigenen Geschichten erzählen.

Der »ehemalige Lazarettsaal« in seinem neuen Glanz steht für einen Wendepunkt im Leben von Heide von Hohenzollern. Geboren im Saarland, studierte sie in München Jura und arbeitete dort in der Modebranche. Eine Freundin hatte Liebeskummer, erinnert sie sich. »Ich versuchte sie aufzumuntern und traf bei ihr meinen späteren Mann. Allerdings, muss ich gestehen«, lächelt sie, »haben wir uns mehr um uns als um

MITTE: Eine Erinnerung an den verstorbenen Prinz Godehard

die arme Leidende gekümmert.« Auf die erste Begegnung folgen bald weitere. »Godehard liebte Musik und hatte stets zwei Karten für Konzerte in der Tasche.«

Eine Karte für sich und die andere für eine seiner Begleiterinnen. »Musik war unsere tiefe Verbindung, und so sollte es bleiben. Godehard war Bankkaufmann, aber die Musik war ihm das Wichtigste, irgendwann kam ich dann dazu, aber gleich nach mir kam wieder die Musik.« Nach ihrer Heirat blieb das Paar noch acht Jahre in München, bevor der Tod der Eltern von Godehard 1988 eine Entscheidung erzwang. »Das Schloss war in einem unglaublich desolaten Zustand.« Nach dem Tod von Carl-Anton 1919 hatte sein Sohn Prinz Albrecht die Burg übernommen. Er änderte die Fassade, ersetzte die neugotischen Formen durch barocke Turmhauben und ließ im Innenhof die zementierten dreiteiligen Schulfenster durch echte Basaltrahmen im Stil der Wasserburg ersetzen. Doch der Ausbruch des Zweiten Weltkrieges beendete die Umbauten, und die Restaurierung der Vorderfront des Schlosses konnte nicht mehr durchgeführt werden.

Die Eltern von Godehard lebten im Mittelteil der Burg, aber der Nordflügel mit den Festsälen, Salons und Gästezimmern war gänzlich unbewohnbar. Es gab dort keinen Strom und auch keine Heizung, der Schwamm war in den Decken. »Der Spiegelsaal war gar nicht zu erkennen. Die Decke war heruntergekommen, der Raum als

Kommode aus dem 18. Jahrhundert mit Bildern der Kinder Carlos und Anna

Abstellkammer genutzt und so mit Gerümpel und Resten von fünf Flüchtlingsfamilien zugestellt, dass ich noch nicht einmal sah, dass es hier Fenster gab.« Die erste und wie es schien naheliegende Entscheidung war, das Schloss zu verkaufen. Inzwischen hatten Godehard und Heide zwei Kinder, Carlos zehn Jahre und Anna fünf Jahre alt. Mit diesen zog die junge Mutter allein nach Namedy, um das Haus zu entrümpeln, zu ordnen und für eine Auktion vorzubereiten.

Doch das Schloss hatte eine nachhaltige Wirkung auf seine neuen Bewohner. »Mein Mann blieb in München, um weiter seinem Beruf nachzugehen, und ich holte mir Freunde aus England, die selber Schlösser unterhielten, zur Unterstützung.« Einer sollte sie in ihrem Entschluss, das Haus zu behalten, endgültig bekräftigen. »Inzwischen hatte ich den Inhalt des Spiegelsaals in 15 Container sortiert. Der leere Saal mit seinen blinden Spiegeln, der kaputten Decke, dem herunterhängenden historischen Furnier und dem weißen schmutzigen Estrich am Boden bot einen traurigen Anblick. Da sagte mein englischer Freund, auf einer Leiter stehend: ›You know, we in England would never sell our homes, it just isn't done!‹ Und dann geschah etwas Merkwürdiges. Ein weiteres Stück der Decke fiel durch Wassereinwirkung herunter, und ich holte einen Eimer und einen Lappen, um aufzuwischen. Ich wischte und wischte, Eimer um Eimer.

Langsam merkte ich, dass sich der vermeintliche Estrich auflöste, denn es war in Wirklichkeit der klumpig und hart gewordene Putz. Und unter diesem Schmutz kam ein wunderbarer Parkettboden zum Vorschein. Beim nächsten Besuch erlebte mein Mann die wunderbare Akustik des Saals, und der Traum von eigenen Konzerten war geboren.« Bald darauf organisierte er ein öffentliches Probekonzert, und die Musiker und das Publikum liebten den Saal. »Die Zeiten waren damals anders«, fährt die Prinzessin fort. Überall fand sie offene Ohren und Unterstützung. Im Landtag, beim Denkmalschutz, im Landeshauptarchiv. »Vielleicht«, sagt sie nachdenklich, »half uns, dass ich als jüngere Frau mit den kleinen Kindern alleine an der Front stand, und so erwachten bei den meisten männlichen Verantwortlichen ritterliche Helferinstinkte.« Dass ihr Mann in München blieb und sie nur einmal im Monat besuchte, fanden viele unglaublich. »Und ich fand meinen Mann auch unglaublich – unglaublich mutig!« Als sich

Unten: Blick in den Roten Salon
Rechte Seite: Das ursprüngliche Badezimmer der Prinzessin Joséphine aus Belgien
Folgende Doppelseite: Der Orchideensalon

nach einem Vierteljahr des Renovierens endlich die schlichten und eleganten Linien des Spiegelsaals zeigten, fand das erste Probekonzert mit den Salzburger Solisten statt. »Man stelle sich nur vor«, erinnert sich Heide mit ernster Miene: »Um das herunterhängende und verfaulte Holzfurnier zu verbergen, haben wir einfach überall leichte Gazevorhänge angebracht, und vor die Decke haben wir Laken gespannt und diese farbig besprüht.« Die Künstler, das Publikum und

die Presse waren von der Akustik begeistert. Das Kammerspielfestival »Andernacher Musiktage auf Schloss Namedy« war geboren, und der berühmte Geigenvirtuose Yehudi Menuhin übernahm dessen Schirmherrschaft bis zu seinem Tod im Jahr 1999. Völlig unerwartet verstarb Prinz Godehard im Jahr 2000.

Heide von Hohenzollern war plötzlich mit zwei jugendlichen Kindern auf sich allein gestellt und musste ihre Zukunft ein zweites Mal neu überdenken. Sie blieb bei ihrem Entschluss und führte den eingeschlagenen Weg fort. Mit Hilfe von Freunden aus dem In- und Ausland und dem Landesamt für Denkmalpflege ersetzte sie die marode Elektrik von 1907, installierte eine Heizung, schloss alle Renovierungsarbeiten ab und etablierte kulturelle Events mit namhaften Künstlern. Sie öffnete ihr Haus, das, wie sie sagt, »zwar ein Privathaus ist, aber doch nicht ganz privat. Unsere Gäste bewegen sich frei in allen Räumen, denn das Leben hier ist auch ein Erleben«.

Dass ihr der tägliche Umgang mit so vielen Menschen Freude macht, spürt man deutlich. So sind auch ihre Mitarbeiter Teil ihres Lebens und sprechen alle von »unserer Burg«. Ob die Kinder, die sich selber inzwischen aktiv beteiligen, einst die angefangene Arbeit tatsächlich fortführen werden? »Wer weiß das schon«, sagt sie. »Man lernt, man wächst hinein, aber man muss es selber wollen. Nur aus dem eigenen Willen kommt die Kraft, Zwänge sind nutzlos.«

Anhang

Sponsoren

Weberbank Actiengesellschaft
Hohenzollerndamm 134
14199 Berlin
www.weberbank.de

Prinz von Preussen Grundbesitz AG
Fritz-Schroeder-Ufer 37
53111 Bonn
www.prinzvonpreussen.eu

Liebherr Werksvertretung West Haiminger KG
Walter-Gropius-Str. 28
50126 Bergheim
www.liebherr-west.de

The Residence GmbH
Elbchaussee 394
22609 Hamburg

Beatrice von Tresckow Designs Ltd
58-60 Bath Road
Cheltenham
Gloucestershire
GL53 7JT
Großbritannien
www.beatricevontresckow.com

Tummescheit Beschläge GmbH
An de Kirch 24
22929 Köthel
www.tummescheit.de

Fotograf

Dr. Stefan Schaal
Rückertstr. 2
50935 Köln
www.schaalfoto.de

Schlossherrinnen

Irmgard von Abercron
Schloss Frens
50127 Bergheim
www.schloss-frens.de

Jeannette Gräfin Beissel von Gymnich
Burg Satzvey
53894 Mechernich-Satzvey
www.burgsatzvey.de
www.jbg-stiftung.org

Ilka Freifrau von Boeselager
Burg Heimerzheim
Kölner Str. 1
53913 Swisttal-Heimerzheim
www.burg-heimerzheim.de

Nicola Dietzsch-Doertenbach
Weingut Schloss Lehrensteinsfeld
74251 Lehrensteinsfeld
www.schloss-lehrensteinsfeld.de

Patricia Gräfin zu Eulenburg und Hertefeld
Schlossruine Hertefeld
Hertefeld 1
47652 Weeze
www.hertefeld.de

Leonie Freifrau von Eyb
Schmuckatelier
Schloss Rammersdorf
91578 Leutershausen
www.schmuck-lve.de
www.schloss-rammersdorf.de

Dr. Mariana M. de Hanstein
Kunsthaus Lempertz
Neumarkt 3
50667 Köln
www.lempertz.com

Caroline Hatlapa
Herrenhaus Borghorst
Am Gutshof 3
24251 Borghorst
www.borghorst.de

Heide Prinzessin von Hohenzollern
Schloss Namedy
56626 Andernach
www.burg-namedy.de

Rosalie Freifrau von Landsberg-Velen
Schloss Wocklum
58802 Balve
www.balve-optimum.de
und
Sportschloss Velen GmbH
Landsbergallee 2
46342 Velen
www.sportschlossvelen.de

Fides Freifrau von Mentzingen
Schloss Bürg
74196 Neuenstadt am Kocher
www.rfm-stoffe.de

Annette Gräfin zu Ortenburg
Schloss Tambach
Schlossallee 1
96479 Weitramsdorf
www.wildpark-tambach.de

Dr. Bianca-Amalia Prinzessin von Preußen
Weyer Kastell
Dohrstr. 55
41334 Nettetal
www.weyer-kastell.de

Antje Gräfin zu Rantzau
Gut Pronstorf
Gutshof 1
23820 Pronstorf
www.gutpronstorf.de
www.pronstorfertorhaus.de

Ivonne Gräfin von Schönburg-Glauchau
Weingut Schloss Westerhaus
55218 Ingelheim
www.schloss-westerhaus.de

Adelheid von der Schulenburg
Schloss Ehreshoven
51766 Engelskirchen
www.stift-ehreshoven.de

Sabine Freifrau von Süsskind
Schloss Dennenlohe
91743 Unterschwaningen
www.dennenlohe.de

Tatjana de la Valette
Schloss Auel
53797 Lohmar-Wahlscheid
www.schlossauel.de

Mechthild Freifrau von Wendt-Papenhausen
Burg Boetzelaer
Reeser Str. 243
47546 Kalkar
www.burgboetzelaer.de

Impressum

Zweite Auflage 2011
Copyright © 2011 von dem Knesebeck GmbH & Co. Verlag KG, München
Ein Unternehmen der La Martinière Groupe

Gestaltung: Leonore Höfer, Knesebeck Verlag
Umschlaggestaltung: Fabian Arnet, Knesebeck Verlag
Herstellung: Büro Sieveking, München
Druck: Firmengruppe APPL, Aprinta Druck, Wemding

Printed in Germany
ISBN 978-3-86873-252-8
Alle Rechte vorbehalten, auch auszugsweise.
www.knesebeck-verlag.de

Abbildungen:
S. 8 Schloss Tambach, Treppenaufgang
S. 12 Schloss Tambach
S. 170/171 Park von Schloss Namedy